基于大数据的社交网络信息交流行为研究

易 明等 著

科学出版社

北京

内 容 简 介

大数据驱动的科学研究第四范式为社交网络信息交流行为研究开启了新的研究视角——客观行为数据视角。本书应用人类动力学理论与方法，针对单点模式下社交网络信息发布行为、点对点模式下社交网络信息发布-转发评论行为、一对多模式下社交网络信息发布-转发行为、多对多模式下社交网络信息发布-评论行为，分别构建基于兴趣驱动、任务驱动的社交网络信息发布行为动力学模型、基于社会交互的社交网络信息发布-转发评论行为动力学模型、基于社会影响理论的社交网络信息发布-转发行为动力学模型、基于二分网络演化的社交网络信息发布-评论行为动力学模型。本书将基于人类动力学的社交网络信息交流行为规律应用于社交网络推荐服务优化，提出融入用户兴趣漂移特征的微博信息个性化推荐方法和基于兴趣传播的微博超话群推荐方法。为方便读者阅读，本书部分图片附有二维码。

本书内容丰富、应用性强，可供信息管理、用户行为、数据分析等领域从事相关研究的专家学者、技术人员及高等院校相关专业教师、研究生参考使用。

图书在版编目（CIP）数据

基于大数据的社交网络信息交流行为研究/易明等著. —北京：科学出版社，2023.10
ISBN 978-7-03-076606-9

Ⅰ.①基⋯　Ⅱ.①易⋯　Ⅲ.①互联网络－信息交流－行为－研究
Ⅳ.①G206

中国国家版本馆 CIP 数据核字（2023）第 191200 号

责任编辑：闫　陶　霍明亮/责任校对：高　嵘
责任印制：彭　超/封面设计：无极书装

科 学 出 版 社出版
北京东黄城根北街 16 号
邮政编码：100717
http://www.sciencep.com

武汉中科兴业印务有限公司印刷
科学出版社发行　各地新华书店经销

*

2023 年 10 月第 一 版　开本：B5（720×1000）
2023 年 10 月第一次印刷　印张：12 3/4
字数：254 000

定价：96.00 元
（如有印装质量问题，我社负责调换）

前　言

　　人是社会信息活动的主体,人类的信息行为是世界上最广泛、最复杂的现象之一。只有充分地了解人类的信息行为规律,才能更好地开展信息服务活动。信息交流行为作为一种重要的信息行为,一直吸引着专家学者们的积极关注。随着互联网全面进入 Web 2.0 时代,社交网络的技术架构成为互联网应用的核心之一,社交网络信息交流行为成为一种极为普遍且十分重要的信息交流行为。在此背景下,探索社交网络信息交流行为的一般规律与内在机制,进而优化社交网络信息服务,便成为信息管理领域的一个重要研究课题。在大数据时代,社交网络活跃用户产生了海量的信息交流行为数据,从而给研究者带来了前所未有的机遇——从客观行为数据视角挖掘社交网络信息交流行为规律。同时,复杂性科学领域的人类动力学为从客观行为数据视角研究社交网络信息交流行为提供了重要的理论与方法支撑。基于此,本书将科学研究第四范式和人类动力学应用于社交网络信息交流行为研究之中,基于大数据驱动的社交网络信息交流行为研究新范式,采用网络数据抓取、统计分析、数学建模、仿真模拟等研究方法,围绕社交网络信息交流行为展开系统研究。本书共分 9 章。

　　第 1 章为绪论。主要介绍本书的研究背景,阐述本书的研究目的。

　　第 2 章为社交网络信息交流行为基本理论。首先,阐述社交网络与网络信息交流行为的基本理论,并讨论社交网络对网络信息交流行为的影响;然后,分析社交网络信息交流行为的含义、特征、类型和影响因素;最后,从个体层面和群体层面将社交网络信息交流行为模式划分为四种类型,从而明确本书研究的基本对象。

　　第 3 章为大数据驱动的社交网络信息交流行为研究新范式。首先,介绍科学研究范式的内涵和科学研究范式的演变,揭示基于大数据的科学研究第四范式的内涵和新特性;然后,阐述人类动力学的核心思想,提炼人类动力学的核心指标,归纳人类动力学的经典模型;最后,分析科学研究第四范式下社交网络信息交流行为研究范式嬗变,提出基于人类动力学的社交网络信息交流行为研究新范式,并开展天涯社区信息交流行为的人类动力学研究示例。

　　第 4 章为单点模式下社交网络信息发布行为研究。首先,利用普通用户(数据集 B)和认证用户(数据集 C)对微博用户的信息发布行为进行实证分析,分别揭示普通用户和认证用户的微博信息发布行为统计规律;其次,依据数据集 B

的实证分析结果，探索普通用户微博信息发布行为生成机制，构建兴趣驱动的普通用户社交网络信息发布行为动力学模型，并进行模型仿真与验证；最后，依据数据集 C 的实证分析结果，探索认证用户微博信息发布行为生成机制，构建任务驱动的认证用户社交网络信息发布行为动力学模型，并进行模型仿真与验证。

第 5 章为点对点模式下社交网络信息发布-转发评论行为研究。首先，利用数据集 B 提取普通用户对的交互数据，揭示普通用户对微博信息发布-转发评论行为统计规律；然后，探索普通用户对微博信息发布-转发评论行为生成机制，构建基于社会交互的社交网络信息发布-转发评论行为动力学模型；最后，通过对随机选择的样本用户进行循环仿真，对基于社会交互的社交网络信息发布-转发评论行为动力学模型进行仿真与验证。

第 6 章为一对多模式下社交网络信息发布-转发行为研究。首先，利用数据集 B 提取群体层面微博信息发布-转发数据，揭示一对多模式下微博信息发布-转发行为统计规律；然后，探索一对多模式下微博信息发布-转发行为生成机制，构建基于社会影响理论的社交网络信息发布-转发行为动力学模型；最后，通过对随机选择的样本用户进行循环仿真，对基于社会影响理论的社交网络信息发布-转发行为动力学模型进行仿真与验证。

第 7 章为多对多模式下社交网络信息发布-评论行为研究。首先，利用数据集 B 提取群体层面微博信息发布-评论数据，揭示多对多模式下微博信息发布-评论行为统计规律；然后，探索多对多模式下微博信息发布-评论行为生成机制，构建基于二分网络演化的社交网络信息发布-评论行为动力学模型；最后，通过多重参数讨论为模型参数设置提供依据，进而对基于二分网络演化的社交网络信息发布-评论行为动力学模型进行仿真与验证。

第 8 章为社交网络个性化信息推荐服务优化。首先，阐述个性化信息推荐服务的概念内涵与基本方法，分析社交网络为个性化信息推荐服务优化带来的机遇；随后，以第 4 章和第 5 章发现的兴趣衰减现象为突破口，探索融入用户兴趣漂移特征的微博信息个性化推荐方法；最后，利用数据集 D 实现融入用户兴趣漂移特征的微博信息个性化推荐方法，并通过结果评价验证方法的科学性。

第 9 章为社交网络群推荐服务优化。首先，阐述群推荐的基本概念和兴趣融合策略，分析社交网络中群推荐的各种应用场景；然后，以第 6 章和第 7 章发现的社会影响现象为突破口，以微博超话为例，揭示社交网络群体内部兴趣传播本质，探索社交网络群推荐服务优化方法；最后，利用数据集 D 实现基于兴趣传播的微博超话群推荐方法，并通过结果评价验证方法的科学性。

社交网络信息交流行为是一个非常复杂的问题，本书虽然在此方向作出了一定努力，但是由于作者水平有限，还有一些不尽如人意的地方，诚恳希望各位专家和读者批评指正。在写作过程中，本书参考了许多国内外研究成果，并尽可能详细地在书中列出，在此对这些参考文献的作者表示真诚的感谢。

　　本书是国家社会科学基金一般项目"基于人类动力学的社交网络信息交流行为研究"（编号：2016BTQ076）的研究成果，项目组成员主要有熊回香、邓卫华、谭春辉、王忠义、吴绍靖、陆颖颖、蒋武轩、李梓奇、冯翠翠、叶佳鑫、黄超、张展豪、黄程等。本书的出版获得华中师范大学中央高校基本科研业务类优秀青年团队项目"信息交互行为与隐私保护研究"（编号：CCNU22QN017）的资助，还得到了华中师范大学信息管理学院领导、老师的大力支持与帮助，在此一并致以深深的谢意。

易　明

2022 年 7 月于武汉桂子山

目　　录

第1章 绪 论

  信息交流是人类社会的一种基本现象,是人与人相互作用与联系的一种方式。随着以社交网络为代表的新型信息交流方式的不断涌现,以及云计算、物联网等技术的兴起,数据发生了"大爆炸",人类也迅速进入了大数据时代。从历史的角度来看,信息交流从传统文明时期发展至今,受科学技术的影响最为明显和直接(麦克格雷,1988)。在当前大数据时代,社交网络信息交流行为已成为信息管理领域的研究热点,也是极具挑战性的研究领域之一。

  (1)信息交流已经进入社交网络时代,信息交流行为的复杂性与重要性不断提升。互联网作为现代信息技术的主流之一,已经对信息交流产生了全方位的影响。社交网络风靡全球,信息交流也随之进入了社交网络时代。社交网络,即社会化网络服务(social networking service,SNS),是 Web 2.0 体系下的一个技术应用架构,旨在帮助人们建立并维持社交关系。在社交网络中,人们通过信息发布、信息点赞、信息转发、信息评论等多元信息交流方式建立、维系社交关系,同时各种信息流沿着不同社交关系进行实时性、裂变式的演进,从而有力地推动了人类社会进入了一个"无处不网、无时不网,人人上网、时时在线"的信息交流新时代。社交网络本质上是一种基于社交关系的信息交流平台,其高互动性和可参与性极大地促进了社会行为向网络行为、社会关系向网络关系、社会信息向网络信息的转化进程,也使社交网络成为目前最为流行的 Web 2.0 应用之一。脸书(Facebook)、推特(Twitter)、YouTube、微博、微信、抖音等不同形态的社交网络都在以惊人的速度不断发展,吸引了越来越多的用户加入社交网络之中。人是社会信息活动的主体,人类的信息行为是世界上最广泛、最复杂的现象之一。信息交流行为作为一种重要的信息行为,一直吸引着专家学者们的积极关注。应当注意到,社交网络的快速发展在使人类信息交流需求得到极大释放的同时,又进一步提升了信息交流行为的复杂性与重要性。一方面,由于社交网络信息交流行为主体的异质性、信息交流行为动机的隐蔽性和信息交流行为形态的多样性,个体层面信息交流行为将表现出高度复杂性;另一方面,通过社交网络的强大聚合功能,个体层面信息交流行为将叠加成为群体层面信息交流行为,形成嵌套结构并表现出整体的"涌现性",从而对人类社会和经济发展产生真实广泛的重要影响。

  (2)大数据驱动的科学研究第四范式为社交网络信息交流行为研究开启了新的研究视角——客观行为数据视角。2012 年,在互联网上曾经出现了一张转载率很高的信息图谱，它统计了几个知名站点在 1 min 的时间里所产生的数据量，显示的数据量惊人。在短短的 60 s，YouTube 用户上传 48 h 的视频，Google 收到 2000000 次搜索请求，Facebook 用户分享 684478 条信息，"Like"按钮被点击 34772 次，Twitter 要处理 1000000 条 Tweets 信息。2013 年被称为中国的"大数据元年"，大数据开始在我国逐渐兴起，并深入渗透到各行各业。例如，百度依靠丰富且领先的人工智能应用技术积累，开发了如语音识别、自然语言理解、图像识别、用户画像等超过 150 项人工智能（artificial intelligence，AI）核心技术，目前已有超过 80 万开发者使用，日调用数量超过 4000 亿次，加速带动了实体经济的高效创新。毋庸置疑，人类社会已经进入了大数据时代，而且大数据正以前所未有的速度颠覆人们探索世界的方法，引起了社会经济、国防军事、科学研究等领域的深刻变革。就科学研究领域而言，科学家已经把数据作为科学研究的对象和工具，基于数据来思考、设计和实施科学研究，由此诞生了科学研究第四范式——数据密集型的知识发现（Hey et al.，2009）。哥伦比亚大学沃茨通过研究发现，大数据对极其复杂的人类行为研究起到了极其重大的作用，能够为人类行为研究提供丰富的可靠信息，从而避免了研究者认知的偏见、感知的误差和框架的歧义。无疑，社交网络拥有巨量的活跃用户，他们已经在社交网络中产生了海量的信息交流行为数据，从而给研究者带来前所未有的机遇——从客观行为数据视角挖掘社交网络信息交流行为的规律。因此，可以考虑将科学研究第四范式应用于社交网络信息交流行为研究中，即从客观行为数据视角对社交网络信息交流行为进行定量研究。

（3）人类动力学为从客观行为数据视角研究社交网络信息交流行为提供了重要的理论与方法支撑。对人类行为进行定量研究一直都是科学家不懈努力的一个重要方向。在早期对人类行为的研究中，一个基本的假设是人类的行为从总体上看是随机和稳态的（Dyte et al.，2000）。据此，人类行为可以用泊松过程来描述，人类发出相续行为的间隔时间是较为均匀的，短时间内大量事件的爆发和长时间的静默都应该很难被观测到。然而，Barabási（2005）发表在 *Nature* 上的一篇论文却暗示大量由人类活动驱动的系统具有明显偏离泊松统计的性质：人们常常在短时间内密集从事某项活动，而后又在很长时间里将其弃之脑后。无疑，这一重要发现对于基于泊松过程的排队论提出了巨大挑战。Barabási（2005）的工作在复杂性科学领域开创了一个名为"人类动力学"的研究方向，吸引了国际上大量知名科学家的积极关注，相关成果相继在 *Nature* 等国际顶级学术期刊上发表。人类动力学是一门新兴的交叉学科，综合借鉴了数学的原理、物理的方法、系统的思想来对人类行为进行定量研究，在发现人类行为统计规律的同时力求寻找表面现象下的内在机制（樊超，2010）。从研究目标上讲，人类动力学主要是通过统计分析揭示人类行为中展现出来的相对普遍的行为规律（如通信间隔时间和回复时间的幂律分布等），并挖掘行为的内在机制（如重要信件优先处理，容易回复的信件优先处理等）；从研究方法上讲，人类动力学是通过无干预的客观数据，从一个外在观察者的角度给出量化的分析结果；从技术路线上讲，人类动力学是遵从"观察→数据获取与分析→统计规律挖掘→建模再现行为规律"的循环，几乎不对数据的产生过程、获取过程、分析结果进行人工的干预，从而保证了研究结果的客观性（周涛 等，2013）。事实上，从人类动力学的研究历史来看，科学家最初就是针对人类的通信行为（典型的信息交流行为）进行了相关的探索性研究，从而逐步建立了人类动力学的理论与方法体系。由此，人类动力学的相关理论与方法，完全可以应用于社交网络信息交流行为的定量研究，能够有效地支撑从客观行为数据视角深入挖掘社交网络信息交流行为规律的科学研究。

　　本书研究的主要目的就是将科学研究第四范式和人类动力学应用于社交网络信息交流行为研究之中，基于大数据驱动的社交网络信息交流行为研究新范式，深入挖掘社交网络信息交流行为隐藏的相关规律，进而揭示社交网络信息交流行为规律的生成机制，并据此构建描述社交网络信息交流行为过程的定量模型，从而为社交网络信息交流行为研究及社交网络信息服务优化研究的纵深拓展提供重要的理论支撑。具体包括：①发现社交网络信息交流行为的统计规律，虽然社交网络中的个体数据随机性较强，但是只要数据达到一定规模，就可以从中发现一些具有普遍意义的统计规律，具体包括个体层面和群体层面两个层次；②揭示社交网络信息交流行为统计规律的生成机制，需要将个人的经验观察、前人的研究成果与相关的统计规律不断地进行对比论证，提炼出可量化的生成机制，为动力学模型的构建提供重要基础；③构建社交网络信息交流行为动力学模型，要求构建的各种动力学模型能够较好地解释和再现统计规律，并通过调整参数大小，动力学模型能够适用于不同类别社交网络的信息交流行为模拟，具有一定的普适性；④提出社交网络信息服务优化的相关方法，利用社交网络信息交流行为动力学模型及其揭示的社交网络信息交流行为规律，提出社交网络个性化信息推荐服务优化方法和社交网络群推荐服务优化方法。

第 2 章　社交网络信息交流行为基本理论

本书的研究涉及社交网络信息交流行为、大数据、人类动力学等主题。其中，社交网络信息交流行为是本书的直接研究对象，大数据和人类动力学是研究社交网络信息交流行为问题的切入点。由此，本章将重点阐述社交网络信息交流行为的基本理论，为后续章节的研究奠定理论基础。

2.1　社交网络与网络信息交流行为

伴随着互联网全面进入 Web 2.0 时代，社交网络风靡全球，各种社交网络应用层出不穷，吸引了越来越多的用户加入其中，同时也对网络信息交流行为产生了重要的影响。此部分将在阐述社交网络和网络信息交流行为基本理论的基础上，揭示社交网络对网络信息交流行为的重要影响。

2.1.1　社交网络概述

美国行为学家亚伯拉罕·马斯洛（2012）在默里把人的需要分为 20 种的研究基础上，进一步提出了人类基本需要等级论，即需求层次论。马斯洛（2012）认为人类需求像阶梯一样从低到高按层次分为五种，分别是生理需求、安全需求、社交需求、尊重需求和自我实现需求。显然，人是社会化属性的生物，如果失去了社会属性，那人将体现不出其存在的价值，所以社交需求在人类的需求层次体系中具有重要地位。在传统环境下，人们为了维持自己的社交圈，只能通过写信、发短信、打电话、面对面交流等方式进行沟通。社交网络的出现，彻底改变了这种状态。

1. 社交网络的基本概念

目前，社交网络的发展如火如荼，但是关于其定义却是众说纷纭。Snyder 等（2007）认为，社交网络较非正式网络关系而言是创造更为频繁和具有深远影响的网络关系的媒介。Boyd 等（2007）认为，社交网络是基于互联网的有界服务，允许用户开放自己的资料，创建与自己有联系的系统内其他用户的列表，用户可以浏览其他用户页面。Kwon 等（2010）认为，社交网络是一种通过共享有用信息而维持社会关系的在线网络服务社区。王翠英（2012）认为，社交网络不同于传统的社会网络，它是一个信息传播与信息共享、意见交流、交往沟通的多功能平台。综合以上分析，社交网络不仅仅是一种拓展社会关系的新型应用工具，同时也是一类支持信息互动的新型媒介平台，更是整合新型社交应用和新型媒介平台的新型网络空间。

由此，社交网络的概念可从应用视角、媒介视角和空间视角进行三维界定。从应用视角来看，社交网络是新型社交应用，它以六度分隔理论为基础，向用户提供社会化服务，帮助用户建立、维系社会关系。从媒介视角来看，社交网络是新型媒介终端，它是信息的重要载体和传播手段，极大地扩展了人类的信息交流能力和思想认知感情。从空间视角来看，社交网络是由新型社交应用和新型媒介终端构成的新型网络空间，它提供了一个将虚拟和现实结合起来的多维空间，使人类重新以职业、爱好等各自真实的面貌聚集成不同的"部落"。

2. 社交网络的思想观念

从思想内核上看，社交网络建立于 Web 2.0 理念的基础之上，蕴含了丰富的思想观念，外在的技术架构只是这些思想内涵的具体表现。

（1）平等的世界观。不论男女老少、不论地位等级、不论地域差异、不论语言差别等，人人都能平等地利用社交网络。例如，社交网络的每个用户都可以成为网络内容的创造者，他们享有平等地与其他用户互动交流的机会。

（2）"无知"的知识观。社交网络建立在"无知"的知识观假设基础之上，即在社交网络的新型网络空间中，任何用户都难以对日渐复杂的对象系统及问题全域有一个全面的把握，他们只能按照自己的知识背景对某一领域某一问题有着一定的了解（马费成，2012）。

（3）融入"微"理念的文化观。社交网络将"微"理念融入网络文化之中，构建网络文化的一个新变体——微文化（蒲清平 等，2016），关注微小个体，做微小之事，聚微小之力。个体力量虽微小，但是通过社交网络的聚合放大，就可以体现出群体力量的强大。

（4）主动贡献的价值观。社交网络打破了传统的自上而下的由少数资源控制者集中控制主导的网络体系，转变为自下而上的由广大用户集体智慧和力量主导的网络体系。每个用户的主动贡献是社交网络可持续发展的重要基础。

（5）以用户为中心的服务观。Web 2.0 是为了满足用户日益强烈的个性化需求、社会化需求和互联网模式创新的需要而产生的。作为 Web 2.0 的核心应用，社交网络是更符合用户使用习惯和使用行为的新型网络空间，它遵循了以用户为中心的服务观，可以根据每个用户的不同需求自由定制。

（6）基于信息互动的社交观。从 Web 1.0 走向 Web 2.0，最根本的一个演进特征就是"信息互动"。对于社交网络而言，它充分地融入了各种信息互动方式（如发布、点赞、转发、评论等），通过用户间的信息互动将网络中虚拟人际关系的建立与现实人际关系的延伸融为一体。

3. 社交网络的技术特性

（1）泛在接入。以智能手机、平板电脑为代表的易携带、全天候接入网络的新型移动设备的出现，使得用户可以实现在任何时间、任何地点都能顺畅地接入社交网络。泛在的接入意味着社交网络的技术门槛的大幅降低，既折射了"平等的世界观"和"'无知'的知识观"，又有利于实现"主动贡献的价值观"。

（2）便捷输入。社交网络提供了各种媒体制作工具，图文音视频编辑操作简单，可以让广大用户无技术门槛地参与到社交网络内容创作之中，甚至仅仅利用碎片化时间就可以贡献自己的智慧。同样，便捷输入既体现了"平等的世界观"和"'无知'的知识观"，又有利于实现"主动贡献的价值观"。

（3）微内容。用户生成内容是社交网络的核心动力之一，其表现形式以微内容为基础，可以是一条评论、一幅图片、一段音频、一个短视频等。微内容的出现，大幅度地降低了用户参与社交互动的能力要求，既充分地体现了"融入'微'理念的文化观"，又有利于实现"主动贡献的价值观"。

（4）智能内容分发。针对用户创造的内容：一方面基于用户画像的精准推送算法能够更好地满足用户的个性化需求，体现了"以用户为中心的服务观"；另一方面去中心化的智能算法给予每个用户平等展示的机会，使得普通用户创造的精品内容一样能获得大量的关注，既体现了"平等的世界观"，又有利于实现"主动贡献的价值观"。

（5）支持信息互动。信息互动是社交网络的核心动力之一，其表现形式是用户通过发布、点赞、转发、评论等多元信息互动方式建立、维系人际关系，同时各种信息流沿着社交关系网络进行实时性、裂变式的演进，不断巩固与扩大其社交关系网络，体现了"融入'微'理念的文化观"和"基于信息互动的社交观"。

（6）平台开放。社交网络的开放性体现了"平等的世界观"。一是架构开放，社交网络将逐步开放源代码和公用编程接口，实现跨平台的互操作，成为用户共同参与建设的场所；二是资源开放，社交网络资源可以被免费获取，允许用户阅读与复制、修改与重组、再造与重用，以及其他任何合法用途。

2.1.2 　网络信息交流行为概述

1946 年，第一代电子数字积分计算机（Electronic numerical integrator and computer, ENIAC），又称"埃尼阿克"在美国宾夕法尼亚大学研制成功。当时，美国国防部主要用它来进行弹道计算。1968 年，科技精英开始研制阿帕网，其最主要的目的是共享硬件、软件和数据库资源，即使是 1969 年 Internet 的出现，人们也未曾想到利用计算机网络来进行人际交流。直到 1978 年《网的国度：通过计算机进行的人类传播》（*The Network Nation: Human Communication Via Computer*）的出版（Hiltz et al., 1978），才兴起了人们对计算机为中介的交流研究。借助计算机网络，人们不仅可以通过人-机互动来查询信息，而且还可以利用人-人互动来进行信息交流，从而全方位地颠覆了传统信息交流行为。

1. 网络信息交流行为的内涵

信息交流是人类社会一种特殊的交流方式，信息交流行为也是人类社会一类重要的信息行为。简单地说，信息交流行为就是人们通过各种方式和渠道所进行的信息传递行为与信息反馈行为。这一行为过程主要包括七个部分：传递者、信息、编码、信道、解码、接收者、反馈。在信息交流行为过程中，传递者发送的信息首先被转化为特定的信号形式——编码，然后通过信道将信号传输给接收者，由接收者将收到的信号转译回来——解码，并做出反馈。基于以上分析，网络信息交流行为就是用户以网络作为媒介而进行的信息传递和信息反馈等行为。

2. 网络信息交流行为的特点

网络信息交流行为是网络环境下极为普遍的一类信息行为，与传统信息交流行为相比，其特点表现在以下四个方面。

（1）交流主体符号化。在网络信息交流过程中，信息交流行为主体根据自由拟定网络 ID 符号来代表自己独特身份，并用来区别于他人。

（2）信息内容数字化。网络信息交流空间中流动的是比特，各种以文本、图像、声音、动画等形式呈现的信息内容都被转化为 0 和 1 的组合。

（3）信息媒介虚拟化。网络信息交流行为依托网络媒介而展开，各行为主体都是在虚拟化的网络环境中传递信息、反馈信息。

（4）交流效率高效化。依托网络技术和计算机技术，信息交流行为主体可以选择各种高效的信息交流工具，开展"点对点""一对多""多对多"等多元模式的信息交流行为。

3. 网络信息交流行为的构成要素

一般而论，信息行为的构成要素主要包括行为主体、行为动机、行为形态、行为环境（邓小昭，2010）。对于网络信息交流行为的解析，也可以从这四个方面展开。

（1）行为主体。一般而论，凡具有一定社会需求和与社会信息交互作用条件的一切社会成员（包括个体和团体）皆属于信息用户的范畴（胡昌平 等，2015）。当信息用户借助网络来进行信息交流时，他就成为网络信息用户。他们是网络信息活动的能动参与者，包括了网络信息发送者和网络信息接收者。

（2）行为动机。行为动机就是引起个人行为、维持该行为并将此行为导向满足某种需要的欲望、愿望、信念等心理因素，是内驱力和诱因共同作用的结果。虽然人的行为并不总是有动机的，但是对于信息行为来说，它是人类有意识的行动，总是具有目的性和持续性的（李兴国，2016）。对于网络信息交流行为而言，其动机的形成是由于网络用户的内在信息需要和外在环境的刺激，具体的表现形式多种多样。

（3）行为形态。行为形态是指用户信息行为的表现方式。在 Web 1.0 时代，网络信息交流行为的主要表现方式有信息发布行为、信息回复行为等。在 Web 2.0 时代，网络信息交流行为的主要表现方式多种多样，有信息发布行为、信息点赞行为、信息转发行为、信息评论行为等，外在表现为"单点""点对点""一对多""多对多"等多元行为模式。

（4）行为环境。行为环境是指用户所处的信息环境及生活工作环境等。对于网络信息交流行为而言，其行为环境就是网络环境，主要包括网络技术、网络资源、网络法规、网络伦理、网络文化等因素。

2.1.3　社交网络对网络信息交流行为的影响

社交网络作为由新型社交应用和新型媒介终端构成的新型网络空间，蕴含了丰富的思想内涵，包含了先进的技术应用，形成了网络信息交流的行为环境要素，使得网络信息交流的行为主体、行为动机、行为形态等要素发生了重要变化。

1. 对行为主体的影响

社交网络形成了网络信息交流行为的新环境，直接影响了网络信息交流的行为主体要素，主要表现在以下三个方面。

（1）主体属性的社会化。在社交网络中，传统的网络用户已经演变为社会化用户：依赖社交网络中可信任的朋友或者圈子来获取信息，经常通过社交网络来创造、分享信息，并通过社交网络的信息互动与其他用户保持联系。与传统的网络用户不同，社会化用户会和有共同兴趣爱好的其他用户通过社交网络紧密地连接在一起，并会因为共同的想法、愿望或者使命而相互协作。

（2）主体类型的多样化。在互联网发展的早期，网络用户的门槛相对较高：具有计算机与网络操作的基本知识与技能，且具有支付上网费用的基本经济能力等。相对较高的门槛使得网络信息交流行为主体类型相对单一。现如今，随着互联网技术的迅速发展和广泛应用，人们使用社交网络的技术门槛和能力要求不断降低，普通民众成为网络信息交流的行为主体。

（3）主体地位的去中心化。在 Web 1.0 时代，整个互联网体系是自上而下由少数资源控制者集中控制的，传统的社会主流媒体在信息发源处占据着绝对的优势，使得少数资源控制者在网络信息交流过程中占据着绝对的领导地位。社交网络作为新型媒介终端，其中的每个用户都可以拥有自己的媒体，他们都有机会成为网络意见领袖，并在网络信息交流过程中起到积极作用。

2. 对行为动机的影响

社交网络作为一种新型网络空间，是传统实体社区的延伸。人们在实体社区中的相关需求可以自然延伸至社交网络之中，使社交网络中用户需求呈现多元化的特征，从而导致网络信息交流行为动机的表现形式多种多样。

（1）信息动机。社交网络作为新型媒介终端，是一种典型的生产型信息源，用户可以非常方便、快速、低成本地从社交网络中获取各种信息，从而满足用户的信息需求。由此，用户使用社交网络的基本目的就是获取信息以满足其信息需求，信息动机也就成为用户进行网络信息交流最原始、最基础的动机。

（2）社交动机。社交需求是指人们希望与他人进行交往，与同事和朋友形成良好的关系，成为某个组织的成员，得到他人关爱等方面的需求。不同于传统实体社区，社交网络中用户需要通过积极的信息交流才能逐步构建、维系自己的人际关系网络，从而不断地满足其社交需求。由此，社交动机便成为网络信息交流行为的重要动机之一。

（3）安全动机。安全需求是指人们追求安全感、稳定性，避免身体和财产遭遇危险等方面的需求。在社交网络中，用户的安全需求主要来源于信息质量的不确定性及其他用户身份的不确定性。此时，用户可以通过各种信息交流方式来降低不确定性，从而满足其安全需求。由此，安全动机也成为网络信息交流行为的动机之一。

（4）尊重动机。尊重需求包括自我尊重和他人尊重。自我尊重主要是指对自尊心、自信心等方面的需求；他人尊重是希望自己能够得到他人的认可。在社交网络中，用户也会有尊重的需求。无论是自我尊重需求还是他人尊重需求的满足，都需要用户积极参与信息交流，并在信息交流过程中逐步建立自己的自信，进而提升自身的影响力，最终获得他人的尊重。由此，尊重动机也成为网络信息交流行为的动机之一。

（5）自我实现动机。自我实现需求是指人发挥自己最大的潜能，实现自我的发展和完善。在社交网络中，存在着这样的一类用户，他们期望能够最大限度地帮助他人。对于那些拥有自我实现需求的用户而言，就需要针对其他用户还未满足的信息需求进行创新，通过信息交流满足其他用户信息需求的同时实现自我超越。由此，自我实现动机是网络信息交流行为的重要动机之一。

3. 对行为形态的影响

社交网络的出现，不仅丰富了网络信息交流的符号体系和知识信息库，提升了网络信息交流的频率和效率，还提供了丰富的信息交流方式，促使形成了多层次的嵌套结构，使得信息交流行为的外在形态呈现非线性特征，并不断地产生新的信息交流行为形态。

（1）协同信息交流行为形态。在社交网络强大的信息互动机制的支持下，用户之间的信息交流不仅仅局限于个体层面，多个用户围绕特定问题所进行的协同信息交流行为也逐渐成为一种普遍现象。与非协同信息交流行为相比，协同信息交流行为有着独有的特征。①协作性。协同信息交流行为注重行为主体之间的协调与合作，非协同信息交流行为则更强调信息的传递和反馈。②目的性。协同信息交流行为旨在通过信息交流行为完成彼此共同的目标，而非协同信息交流行为并不一定有明确的目标。③创新性。协同信息交流行为旨在解决共同面临的问题，最终会形成行为主体认可的解决方案，也就是新知识的产生，而非协同信息交流行为不一定会有新知识的产生。

（2）社交问答交流行为形态。在 Web 2.0 产生的初期，以用户提出问题、回答问题和讨论问题为主的网络问答网站开始流行。为了鼓励用户积极参与网络问答，网络问答网站往往采取积分激励机制。然而，网络问答网站中虽然信息丰富，但也充斥着较多冗余、失真、时滞的回答，用户在搜寻过程中需要耗费较多时间进行筛选与甄别（赵宇翔 等，2018）。近些年，社交网络的快速发展，社交元素与网络问答有机融合，从而促进了网络问答网站向社交问答社区的转变。社交问答社区强调信息互动，以良好的社区氛围吸引广大用户积极参与，因而能产生较高质量的答案和内容，使社交问答交流行为也成为一种重要的网络信息交流行为形态。

2.2　社交网络信息交流行为内涵

当前，在社交网络技术架构的支持下，整个互联网成为一个非线性、自组织的社会化网络，网络信息交流行为也演变为社交网络信息交流行为。不同于一般意义上的网络信息交流行为，社交网络信息交流行为有着丰富的内涵，并表现出独有的外在特征。

2.2.1　社交网络信息交流行为的含义

简单地理解，社交网络信息交流行为就是用户在社交网络平台中所进行的信息传递与信息反馈等行为。然而，从具体的行为过程来看，社交网络信息交流行为并非仅仅包含信息传递者的信息发布行为、信息接收者的信息反馈行为，其中必然还包含着信息接收者的信息获取、信息认知、信息再生等行为，具体如图 2.1 所示（钟义信，2002）。

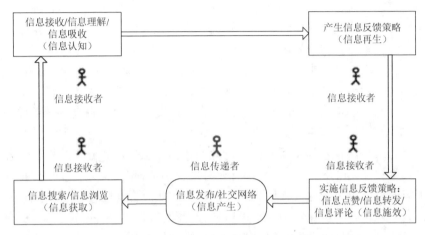

图 2.1　社交网络信息交流行为的一般模型

　　在社交网络情境下，信息产生的主要表现形式之一就是信息发布。信息发布行为是社交网络信息交流行为的起点，它是指信息传递者利用社交网络发表观点、分享信息的行为过程。作为信息接收者，他可以通过信息搜索和信息浏览等方式获取信息传递者发布的信息，由此形成了信息获取行为。随后，信息接收者会通过感知活动将获取的信息转化为内部的心理表征，并形成一定的认知结构，具体包括信息接收、信息理解和信息吸收三个步骤（邓卫华 等，2011），即信息认知行为。信息再生就是信息接收者依据信息认知的结果产生信息反馈策略的过程，具体可以从信息点赞、信息转发、信息评论等方面考虑。信息施效就是信息接收者实施信息反馈策略的过程，也就是产生具体的信息反馈行为，如信息点赞行为、信息转发行为、信息评论行为。需要强调的是，基于本书的研究目标，主要关注社交网络信息交流行为中的信息发布行为、信息反馈行为（如信息转发行为、信息评论行为等）。

2.2.2　社交网络信息交流行为的特征

　　社交网络拥有独特而丰富的思想观念和技术特性，已经对网络信息交流行为产生了深刻的影响，使社交网络信息交流行为具有十分鲜明的特征。
　　（1）社会化。社会化是指社交网络信息交流行为通常兼有建立关系、发挥影响、协同合作等社会化意义。如前文所述,社交动机、尊重动机都是社交网络信息交流行为的重要动机。用户需要通过积极的信息交流才能逐步构建、维系自己的人际关系网络,从而满足其社交动机;同时,还需要在信息交流过程中逐步建立自信,进而提升自身的影响力,从而获得他人的尊重。无疑,这些动机赋予了社交网络信息交流行为丰富的社会化意义。此外,用户会和有共同兴趣爱好的好友紧密地连接在一起,通过各种无意识的、有意识的信息交流行为而相互协作,从而体现强大的社会化力量。

(2)去中心化。去中心化是指普通用户能深度参与到社交网络信息交流过程中,而不是作为被动的个体。在社交网络中,普通用户都能拥有自己的媒体,他们可以在自媒体上发表观点、分享信息,在信息交流过程中扮演着信息传递者的角色,使普通用户拥有更多的话语权。同时,在社交网络智能内容分发算法的支持下,普通用户都有平等展示的机会,他们作为信息传递者分享的精品内容一样能获得大量关注。此外,普通用户都有充分地自由选择自己需要关注的网络内容,并有平等的机会接收到这些有价值的网络内容,从而更好地进行交流互动。

(3)个性化。个性化是指用户可以选择更符合自身需求的方式参与社交网络信息交流行为的过程。社交网络是更符合用户使用习惯、使用行为的新型网络空间,它遵循了以用户为中心的服务观,可以根据每个用户的不同需求而自由定制信息交流行为过程。在信息发布环节,社交网络媒体制作工具便利易用,图文音视频编辑操作简单,可以让广大用户无技术门槛地创造网络内容。在信息传递环节,社交网络智能内容分发算法能够将用户创造的内容精准推送至合适的目标群体,实现"千人千面"。在信息反馈环节,社交网络拥有丰富的信息交流符号体系和互动功能组件,支持用户采用各种个性化的方式进行反馈互动。

(4)复杂性。复杂性是指社交网络信息交流行为要素变得更为复杂。社交网络蕴含了丰富的思想内涵,包含了先进的技术应用,直接形成了社交网络信息交流的行为环境要素,并深刻影响了行为主体、行为动机、行为形态等要素。首先,社交网络的技术门槛和能力要求不断降低,使得参与信息交流的行为主体更为多样化,从而造成行为主体的异质性;其次,社交网络信息交流行为主体的异质性,又决定了他们参与信息交流的行为动机复杂多样,包含了信息动机、社交动机、安全动机、尊重动机、自我实现动机等多种类型,而且更具隐蔽性;最后,社交网络是开放的交流平台,信息交流路径错综复杂,并会形成多层次的嵌套结构,使信息交流行为的外在形态呈现非线性特征,同时还不断产生新的行为形态。

(5)涌现性。涌现性是指在社交网络信息交流行为过程中通过微观层次个体层面信息交流行为的产生、蔓延与强化而在宏观层次群体层面信息交流行为出现的新颖的、连贯的结构、模式和性质。涌现性最基本的特征就是系统具有了其组成部分所无法具有的整体性质，而社交网络信息交流行为涌现的这种整体性质主要表现为一种全局模式的整体序。研究表明，当社交网络规模无限大时，无标度网络的信息扩散临界值趋于零，这意味着在服从幂律分布的社交网络中，即使很微小的、偶然的信息扰动，也足以在庞大的社交网络中迅速蔓延，从而形成一种新的交流秩序，这就是著名的蝴蝶效应（朱海松，2013）。此外，如果将社交网络信息交流行为视为一个群体协作过程，那么涌现性将直接表现为群体智慧的涌现。

2.2.3　社交网络信息交流行为的类型

社交网络信息交流行为类型划分标准多种多样。结合本书研究的需要，主要依据信息交流行为方式的不同，将社交网络信息交流行为划分为信息发布行为、信息点赞行为、信息转发行为、信息评论行为等。

（1）信息发布行为。信息发布行为是用户使用社交网络的一种基础性信息行为，也是社交网络信息交流行为的起点。简单地说，信息发布行为就是信息传递者利用社交网络发表观点、分享信息的行为过程。他们在其个人主页上以文字、图片、视频和链接等方式发表观点、分享信息等活动都属于信息发布行为。然而，由于社交网络的社交属性，信息传递者的信息发布行为已从单一的内容生成扩展到了关系生成，从而赋予了信息发布行为更为丰富的内涵。需要指出的是，在社交网络信息交流行为过程中，只有少数用户在扮演信息传递者角色，而绝大多数用户都属于信息接收者（Li et al.，2018；Yan et al.，2013）。

（2）信息点赞行为。在社交网络信息交流行为中，信息点赞行为属于信息接收者的信息反馈行为类型之一。信息点赞行为就是信息接收者利用点赞功能对信息传递者发布的信息给予正面积极反馈的行为。由于信息点赞行为的快捷性和传递个体价值取向的直接性，点赞已经成为社交网络中的一种现象级事件，同时点赞一词也演化成为当今生活的新语言。无疑，点赞功能充分地体现了社交网络的微理念，有效地提高了信息互动的频率，但是现象级的信息点赞行为已经表明信息接收者对点赞功能产生了过度的依赖，从而在一定程度上挤压了社交网络信息交流中的实质性对话（王斌，2014）。

（3）信息转发行为。在社交网络信息交流行为中，信息转发行为属于信息接收者的信息反馈行为类型之一。信息转发行为就是信息接收者利用转发功能对信息传递者发布的信息进行二次发布的行为。需要说明的是，不同的社交网络平台，其转发功能具有一定的差异性，使得信息转发行为的外在表现有所不同。在微博类社交网络中，信息接收者利用转发功能可以将原始博文和其他信息接收者的评论信息一同转发，从而形成新的微博。在微信类社交网络中，信息接收者利用转发功能只能转发原始信息，而其他信息接收者的相关评论信息无法转发到自己的朋友圈。

（4）信息评论行为。在社交网络信息交流行为中，信息评论行为属于信息接收者的信息反馈行为类型之一。信息评论行为就是信息接收者利用评论功能对信息传递者发布的信息进行自我观点阐述的行为。利用社交网络强大的信息评论功能，信息接收者既可以针对信息传递者的原始信息进行评论，也可以针对其他信息接收者的评论信息进行评论，甚至还可以针对自己之前的评论信息再次进行评论。事实上，评论功能是网络信息交流过程中最原始的互动功能，也是能够实现实质性对话交流的互动功能。然而，相对于更为简易便捷的点赞功能、转发功能而言，评论功能的使用门槛相对较高，它要求信息接收者付出更多的脑力成本和时间成本。

2.2.4　社交网络信息交流行为的影响因素

社交网络信息交流行为的影响因素多种多样，具体可以从动机-机会-能力（motivation-opportunity-ability，MOA）视角（Rothschild，1999）进行归纳。

（1）动机维度的影响因素。动机涉及某一行动得以执行所需的动态的个人动力（Cummins et al.，1973）。Wasko 等（2000）利用问卷调查和内容分析的方法，发现用户参与网络社区信息交流的动机主要包括：互惠性、学习机会、同行交流、利他主义等。刘丽群等（2007）认为发展个人的自尊与权力需求也是用户参与社交网络信息交流的重要动机。Porter 等（2011）则认为，用户的社会性需求和心理性需求得到满足后才能够激发用户参与社交网络信息交流行为。其中，社会性需求主要包括身份认知（赵宇翔 等，2010）、社会认同（Hsu 等，2008）、社会支持（周涛 等，2020）、价值感和归属感（Blanchard et al.，2004）、社会资本（Wasko et al.，2005）等方面；心理性需求主要包括获得地位或声誉（Park et al.，2014），或从中获取愉悦感（Liao et al.，2011），以及利他主义（王伟军 等，2012）、感知可信度（Yoo et al.，2021）等方面。此外，Nima 等（2017）发现信息披露会给用户带来隐私风险，影响成员的信息交流意愿，而情感承诺对信息交流行为没有直接缓和作用。然而，情感承诺对社交网络信息交互中的贡献行为具有较强的影响，而算计承诺则会影响信息交互中的浏览行为（庞立君 等，2021）。

（2）机会维度的影响因素。机会是指围绕在用户周围的特定环境，这一环境促进或抑制其行为和工作绩效（Blumberg et al.，1982）。在社交网络信息交流过程中，机会因素主要包括社区支持与社区文化（Gan et al.，2012）。较强的社区支持意味着社交网络为信息交流行为提供了必要的技术条件，能够让用户感知到社交网络信息交流平台的有用性和易用性（赵宇翔 等，2010）。此外，如果社交网络形成了集体主义等文化氛围（Mourali et al.，2005），将能够促进用户之间的信息交流行为。社交网络的隐私保护服务（Wu et al.，2020）对用户信息交互行为有重要的影响，而系统质量和信息质量（韦雅楠 等，2020）可以提升信息交互效率。

（3）能力维度的影响因素。能力是指用户是否具有开展信息交流行为所需的属性，如相关技能、自我效能感、感知和知觉能力、自我主张等。在动机和机会同等的情况下，能力越强的用户，越有可能参与社交网络信息交流（Minhaeva et al.，2010）。然而，当用户缺乏自我效能感时，他们往往选择不参与（Bandura，1982）。此外，风险认知和知觉信息收集能力也会影响用户信息交互行为（曹锦丹等，2019）；社交互动中的感知相似度和感知熟悉度越高，用户信息交流和采纳意愿越强（Zhou，2022）；用户的自我主张则有助于缓和网络媒体影响力与其成员之间的关系（Naranjo-Zolotov et al.，2021）。

2.3　社交网络信息交流行为模式

社交网络信息交流行为模式的划分标准多种多样。结合本书研究的需要，依据行为主体数量及行为主体之间的关系将社交网络信息交流行为模式划分为四种类型：单点模式、点对点模式、一对多模式、多对多模式。其中，单点模式和点对点模式属于个体层面的信息交流行为模式，一对多模式和多对多模式属于群体层面的信息交流行为模式。

1. 单点模式

单点模式是指信息交流行为主体是单一主体，既可以是信息传递者，也可以是信息接收者，此时就不考虑与其他行为主体之间的关系。从本质上讲，单点模式是从个体层面、单一行为主体视角观察社交网络信息交流行为。在社交网络信息交流行为中，用户所扮演的角色各不相同。用户角色的不同决定了其在单点模式中信息交流行为的差异性。作为信息传递者，用户在单点模式下的信息交流行为主要就是信息发布行为，也就是利用社交网络发表观点、分享信息的行为过程；作为信息接收者，用户在单点模式下的信息交流行为多种多样，包括信息点赞行为、信息转发行为、信息评论行为等。然而，用户在社交网络信息交流中的身份不是固定的，他既可以是某一单点模式下的信息发布者，也可以是其他单点模式下的信息接收者，同时还可以由信息接收者同步转变为信息传递者，从而产生不同的信息交流行为。

2. 点对点模式

点对点模式指信息交流行为主体是两个交互主体，包含了信息传递者和信息接收者，他们之间是一对一的交互关系。从本质上讲，点对点模式是从个体层面、交互行为主体视角观察社交网络信息交流行为。首先，类似于即时通信工具，社交网络能够支持用户之间的一对一交流，从而形成第一类点对点模式下的信息交流行为。例如，利用发私信功能，信息传递者和信息接收者就可以在没有其他人参与下进行一对一交流。这种交流具有较强的针对性和隐蔽性，信息接收者能够真实完整地表达自身的看法和感受。其次，在社交网络的群体信息交流情境下，用户之间也能进行一对一交流，从而形成第二类点对点模式下的信息交流行为。例如，利用@功能，信息传递者和信息接收者可以在群体信息交流情境下进行一对一交流。由于群体信息交流行为过程具有相对的开放性，所以利用@功能的一对一交流具有相对的局限性。最后，在基于社交网络的群体信息交流情境下，任何复杂的群体信息交流都可以分解为多个一对一交流，从而产生了第三类点对点模式下的信息交流行为。无论是以上哪种类型，点对点模式关注的都是个体层面的信息交流行为，它既可以是利用一对一交流工具形成的个体层面信息交流行为，也可以是通过分解群体层面信息交流行为而得到的个体层面信息交流行为。

3. 一对多模式

一对多模式指信息交流行为主体是多个交互主体，包含了一个信息传递者和多个信息接收者，他们之间是一对多的交互关系。从本质上讲，一对多模式则是从群体层面、单一信息传递者视角观察社交网络信息交流行为。作为信息传递者的用户，在社交网络上发表观点、分享信息之后，这些信息内容就会呈现在其好友的社交网络界面，由此会促发用户与其好友之间的群体信息交流行为，从而形成以信息传递者为中心、多个信息接收者与之互动的一对多模式。按照信息接收者信息反馈行为的不同，一对多模式下的信息交流行为可以有四种不同的表现形式：①信息发布行为与信息点赞行为，观察的是一个信息传递者的信息发布行为和多个信息接收者的信息点赞行为而形成的群体层面的信息交流行为；②信息发布行为与信息转发行为，观察的是一个信息传递者的信息发布行为和多个信息接收者的信息转发行为而形成的群体层面的信息交流行为；③信息发布行为与信息评论行为，观察的是一个信息传递者的信息发布行为和多个信息接收者的信息评论行为而形成的群体层面的信息交流行为；④信息发布行为与信息反馈行为，观察的是一个信息传递者的信息发布行为和多个信息接收者的信息反馈行为（包括信息点赞行为、信息转发行为、信息评论行为等）而形成的群体层面的信息交流行为。

4. 多对多模式

多对多模式指信息交流行为主体是多个交互主体，包含了多个信息传递者和多个信息接收者，且每一个信息传递者都对应了多个信息接收者，从而形成了多对多的交互关系。从本质上讲，多对多模式是从群体层面、多个信息传递者视角观察社交网络信息交流行为。具体而言，多对多模式下的群体信息交流行为主要包括两种表现形式。第一种是多个信息传递者在社交网络上各自发表观点、分享信息，由此会产生多个一对多模式，从而在整体上形成了多对多模式。以微博类社交网络为例，话题讨论有显性话题和隐性话题之分。显性话题，即用两个#号包围话题内容，以区分于微博文本中的其他内容；隐性话题通常隐含在用户所发表的微博信息中，没有用特殊符号以示区分。无论是显性话题还是隐性话题，群体用户在参与交流的过程中都呈现的是多对多模式。第二种是在一对多模式中嵌入了新的一对多模式，从而在整体上形成了多对多模式。例如，作为信息传递者的用户，在社交网络发布信息之后，往往会促发一对多模式。如果出现了信息评论行为，那便意味着信息接收者通过信息评论行为产生了评论信息。此时，作为原发信息的信息接收者同步转变为评论信息的信息传递者。如果其他用户对这条评论信息感兴趣，那么他们可以针对此条评论信息进行二次评论或点赞，从而在原有的一对多模式中嵌入了新的一对多模式，由此在整体上就形成了多对多模式。

第3章 大数据驱动的社交网络信息交流行为研究新范式

大数据开启了科学研究第四范式，利用人类动力学可以为社交网络信息交流行为研究提供新的研究范式。由此，本章将重点阐述科学研究第四范式和人类动力学的相关理论与方法，然后阐述科学研究第四范式下社交网络信息交流行为研究范式嬗变，为本书的后续章节奠定重要基础。

3.1 科学研究第四范式

科学研究是人类探索未知领域的一种认识活动，是探索客观世界规律并利用这些规律造福人类、完善自我的过程（张伟刚，2015）。通过科学研究，人类将形成关于客观世界内在本质和运动规律的知识体系，并运用这些知识创造新的应用来改造客观世界。近半个世纪以来，科学研究范式理论得到了学术界的高度重视，各学科纷纷开展各自学科范式的理论及应用研究。尤其是2007年计算机图灵奖得主吉姆·格雷提出的科学研究第四范式，对大数据时代的科学研究产生了重大而深远的影响。

3.1.1 科学研究范式的内涵

Kuhn（1962）在《科学革命的结构》一书中第一次表述了"范式"这一名词，是指一种公认的模型和模式，是科学研究者从事科学研究时所共同遵守的世界观和行为方式，是他们所共同接受的一组假说、理论、准则和方法的总和。由此，科学研究范式就是科学研究者群体所具有的理论上或方法上的共同信念。这种共同信念规定了他们有共有的基本理论、基本观点、基本方法，为他们提供了共同的理论模型和解决问题的框架，从而形成了一种共同的科学传统。作为科学领域中系统的规范或准则，科学研究范式可以将不同的科学共同体区分开来，同时将同一科学群体中的研究工具、科学方法和内容理解相联系。

3.1.2 科学研究范式的演变过程

1. 自然科学研究范式的演变

格雷是当代数据库技术和交易处理技术的创始人之一。他认识到未来最大的数据挑战将来自于下一代的科学实验而不是商业数据库应用，与天文学家、生物学家、海洋学家和地理学家一起工作，花费了 10 年时间系统总结了科学研究范式的历史演变与发展趋势，认为目前科学研究范式经历了三个阶段（Hey et al.，2009），包括用来描述自然现象的经验范式、使用模型或归纳法进行研究的理论范式、通过计算机模拟复杂现象的模拟范式，并提出了科学研究第四范式（Bell et al.，2009）。考虑到格雷主要以自然科学为研究对象，所以这三种范式更加反映了自然科学研究范式的演变。

（1）经验范式。经验范式相对应的是实验科学，产生于几千年前，是描述自然现象，以观察和实验为依据的科学。从时间维度来说，经验范式既包括早期对自然现象的经验观察阶段，也包括后来利用仪器设备进行受控实验的阶段（黄欣荣，2015）。在人类社会发展的早期，还没有专门从事科学研究的群体，业余的科学家通过自身的信息器官和日常的简易设备对自然现象进行观察与描述，并对观察结果进行初步整理，发现了自然现象的部分规律。文艺复兴之后，人类社会出现了半职业化的科学家群体，他们尝试制作专门的仪器设备开展控制性实验。通过专门的仪器设备，半职业化的科学家可以获取比较理想的实验数据，并通过对实验数据的归纳、提炼，又进一步发现了自然界的一些基本规律。随后，欧洲近代哲学从古希腊的"本体论"、中世纪的"生存论"走向了"认识论"，并形成了两条认识路线。其中一条便是"经验论"，它成为经验范式的哲学基础。

（2）理论范式。理论范式相对应的是理论科学，产生于几百年前，是使用模型或归纳法进行研究的理论科学。欧洲近代哲学"认识论"的第二条认识路线便是"唯理论"，它也是理论范式的哲学基础，即人类通过观察现象或逻辑推论而得到的某种学说，如果未经社会实践或科学实验证明，只能属于假说；如果假说能被大量可重现的观察与实验所验证，并为众多科学家所认定，这项假说可以称为理论。理论范式为近现代科学确立了逻辑推理的基础，它是以模型或归纳法为基础的，产生了许多关于自然现象的科学解说和系统解释，形成了由一系列特定的概念、原理（命题）及对这些概念、原理（命题）的严密论证组成的知识体系（陈明，2013）。例如，开普勒定律、牛顿运动定律、麦克斯韦方程式等重要理论正是利用了模型和归纳法而诞生的。

（3）模拟范式。模拟范式相对应的是计算科学，产生于 20 世纪中叶，主要是借助计算机对复杂现象进行仿真和模拟。冯·诺依曼提出了现代电子计算机架构，利用电子计算机进行模拟仿真的模式得到迅速普及，科学家可以对复杂现象进行模拟仿真，从而推演出越来越多复杂的现象，并通过计算来发现新的规律。在实际应用中，计算科学主要用于对各个学科中的问题进行计算机模拟和其他形式的计算。典型的问题域包括：数值模拟，重建和理解已知事件（如地震、海啸和其他自然灾害），预测未来或未被观测到的情况（如天气、亚原子粒子的行为）；模型拟合与数据分析，调整模型或利用观察来解方程（如石油勘探地球物理学、计算语言学），基于图的网络模型（如那些相互联系的个人、组织和网站的模型）；计算优化，数学优化，最优化已知方案（如工艺和制造过程、运筹学等）（邓仲华等，2013）。

2. 社会科学研究范式的演变

通过梳理人类的社会科学发展历史，可以发现社会科学研究范式的历史变迁与格雷归纳总结的科学研究范式演化路径有所不同。

（1）定性研究范式。社会科学的定性研究起源于 17 世纪以前社会科学思想萌芽和综合累积阶段（陈波，1989）。此时，对社会现象的观察是笼统的，大多由人类的生产生活经验总结开始，在研究过程中往往需要依据自身感官的描述，所以对社会现象的认识往往夹杂着的个人感受，具有经验性、猜测性成分（郝春宇，2015）。现代社会科学的定性研究产生于 19 世纪，是随着人类学、民族学和心理学等学科的发展而建立起来的，强调在研究者和研究对象的互动关系中，通过深入、细致、长期的体验、调查和思考，以获得一个比较全面深刻的认识（米加宁 等，2018）。虽然此时的定性研究主要凭主观经验和理论思辨进行，但是一度因社会调查运动而引人注目。

（2）定量研究范式。在 17 世纪后半叶，在自然科学开始逐渐向成熟的学科化方向发展之际，许多社会科学家开始借用自然科学研究中的观察、实验等研究方法，对社会现象进行定量研究，即主要依靠观察和分析、计算和比较不同的研究数据，通过数据变化情况来解释社会现象的缘由，运用数量关系来表达、呈现社会现象中包含的变量关系（袁汪洋，2004）。通过定量研究，社会学、经济学、政治学、教育学、人口学等诸多社会科学学科获得了新的发展空间，社会科学学科分支呈扇形逐步细化和延伸，学科理论不断深化，与社会实践的结合更为紧密。

（3）仿真研究范式。20 世纪 50 年代以来，随着计算机技术的发展成熟，模拟仿真已经逐渐成为自然科学领域的主要研究方法，并对社会科学研究产生了积极影响。20 世纪 80 年代，美国圣塔菲研究所通过大量学科交叉和借鉴、不同学科研究者的交流与研究，提出在社会科学研究尝试采用基于主体建模仿真的方法，即采用"多主体建模"和"非中心化思想"，借鉴非线性动力学和人工智能技术，从社会科学研究的个体对象出发，采取自下而上的建模策略，通过对主体行为的刻画实现自下而上的宏观涌现（邱枫 等，2013）。无疑，仿真研究范式突破了社会科学研究中研究对象无法实验或无法重复实验的限制，使得在社会现实中需要消耗巨大或者根本不可能获得的研究环境和实施的研究过程，可以通过仿真研究得以实现。

3.1.3　基于大数据的科学研究第四范式

　　随着计算机技术及大数据技术的进步与发展，移动设备、各类互联网应用、新型社交平台和人工智能等不断更新换代且与生活生产深入融合，数据量随着信息的多样化及来源渠道的广泛化而爆炸式地增长，大数据时代已经到来。在科学研究领域，随着科学观察、实验和研究设备的进化，现代信息技术的应用及大规模合作的科学态势发展，科学研究中的数据无论是在数量、种类还是复杂性上都呈爆炸式增长。据统计，大型天文望远镜投入运行后第一年，生产的数据就能达到 PB（petabyte）级别，同样高能物理中一些大型强子对撞机每年也能产生 PB 级别的数据（王东，2016；李若溪 等，2011）。2011 年 2 月美国 *Science* 刊发了名为"数据处理"的专辑，并联合美国科学促进会（American Association for the Advancement of Science，AAAS）的官方刊物 *Science*：*Signaling*、*Science*：*Translational Medicine* 及职业在线网站 Science Careers，围绕科学研究海量数据的问题展开系列讨论（周傲英，2011）。事实上，在传统的科学研究范式下，科学研究领域已经产生了大量的数据，但是能够被利用的只是冰山一角。在当前大数据时代，传统的科学研究范式必将面临极大的挑战，很难有效地发挥作用，迫切需要一种新的科学研究范式来指导科学研究。

　　2007 年，计算机图灵奖得主格雷在美国国家研究理事会计算机科学和远程通信委员会的演讲报告中提出了科学研究第四范式——数据密集型范式。2009 年，《第四范式：数据密集型的科学发现》（*The Fouth Paradigm*：*Data-Intensive Scientific Discovery*）一书以格雷提出的科学研究第四范式的演讲作为开篇，对数据密集型科学研究的理念、应用领域和现状及产生的影响进行了全面阐述，进一步推动了第四范式在自然科学、社会科学等领域的兴起与应用（Hey et al.，2009）。从本质上讲，科学研究第四范式是对传统科学研究范式在数据采集、储存、分析和利用上的集成与优化，即通过仪器设备获取数据或者通过仿真模拟产生数据，利用各种软件技术处理数据，并将相关信息和知识存储在计算机系统中，最后使用专用的数据管理和统计方法进行分析（邓仲华 等，2015）。

　　第四范式对应的是数据密集型科学。数据密集型这一词最先来自数据密集型计算，是在科学研究中对所获得的海量数据所采取的一种计算方式（Bryant，2007）。这种计算方式需要通过网络建立大规模计算机系统，并负责获取维护持续改变的数据集，同时在这些数据上进行大规模的计算和处理。它不是根据已知的规则编制程序，而是以数据为中心编制程序，不通过模型和假设就可以分析数据，发现传统科学研究范式无法发现的新知识。由此，第四范式是将数据作为科学研究的对象和工具，基于数据来探索、设计和实施科学研究，构造开放协同的研究模式来应对大数据带来的挑战。

作为一种新的科学研究范式，第四范式描绘了大数据时代科学研究的基本理论、基本观点、基本方法，其特性可以从思维和方法两个方面来分析。

1. 思维特性

在科学研究第四范式中，科学大数据不仅是科学研究的结果，还是科学研究活动的重要基础。科学大数据将对科学家的认知结构（知识结构）产生颠覆性影响，并引发了科学家获取、储存、加工和使用信息的思维模式的大变革，从而创新了科学研究范式。由此，为了充分地发挥科学大数据的潜在价值，第四范式要求科学家建立新的科学研究思维。

（1）整体性思维。第四范式对整体性的追求，实质上是一种"样本＝总体"的思维转变（徐超，2016），分析与某事物相关的尽可能多的数据，甚至所有数据，而不再单纯依赖抽样调查、样本研究和调查问卷得到的少量数据样本，通过这种方式可以抓住随机抽样方法中抓不到的细节。这里使用"尽可能多"来阐述大数据，是由于在现实中技术发展水平的限制，所能获取和处理的数据终归是有限的。

（2）容错性思维。第四范式所指的容错性是指其不再追求数据的精确性，即接受数据的混杂性。科学研究中数据的大爆炸，一方面使科学数据容量巨大，质量参差不齐，另一方面呈现数据结构多样，结构化、半结构化、准结构化和非结构化数据共存的特征。不同于传统科学研究范式中对高质量数据收集处理和精确性结果的诉求，第四范式从大量混杂的数据中挖掘知识和价值，宏观上失去了精确性，但微观上却能获得准确性。它可以放宽误差的标准，而且自然存在的误差也应该被作为研究内容的一部分。

（3）相关性思维。第四范式的相关性思维是指不再探求难以捉摸的因果关系，转而关注事物之间的相关关系，从而可以更容易、更快捷、更清楚地分析事物。相关关系不需要揭示事物内部的运行机制，类似于将数据封装成一个个黑箱，只需要关注外在的宏观行为，忽略内部的各种复杂关系转化，然后通过比对来探索宏观行为中的相关关系（周苏 等，2016）。由此，相关性思维将使科学家关注是什么而不是为什么。需要强调的是，相关关系分析本身意义重大，同时它也为研究因果关系奠定了基础。

（4）合作性思维。科学大数据是超出常规的数据库工具获取、存储、管理和分析能力的科学数据集。不同于一般意义上的数据集合，如果科学大数据离开了技术的支撑和思维的创新，将会失去其价值。也就是说，科学大数据分析的门槛较高，各学科领域的科学家需要与数据科学家协同工作、密切配合，共同推动科学发现。具体而言，数据科学家可以扮演三种角色：数据提供者、技术提供者、服务提供者。其中：数据提供者意味着数据科学家可以根据各个学科领域科学家的需求来提供针对性的海量原始数据，为他们开展数据密集型的科学研究提供基础性的数据支持；技术提供者意味着数据科学家可以利用大数据技术对海量原始科学数据进行分析处理，形成价值密度更高的知识，从而为各个学科领域科学家的后续研究提供技术支持；服务提供者意味着数据科学家旨在将科学大数据与各学科领域科学家需要攻克的科学问题相结合，提供一体化的解决方案。

2. 方法特性

科学研究第四范式的优势并不仅仅在于海量数据，更重要的是以海量数据为依托的先进科学研究方法。以社会科学研究为例，第四范式的方法特性表现在以下四个方面（马费成，2018）。

（1）模型驱动与数据驱动相结合。传统的社会科学研究范式强调模型驱动，通过理论模型的构建和研究假设的验证来发现新的知识。然而，这种模型驱动的范式由于受到数据采集规模的限制和先入为主思想的束缚，存在着不足。当然，模型驱动也有其明显的优势：直接、简洁、具有理论吸引力。事实上，数据驱动的研究方法能有效地弥补模型驱动研究方法的不足，能够依托社会科学大数据开展更为客观和新颖的探索。由此，在社会科学研究中，第四范式的应用需要将模型驱动和数据驱动有机结合。

（2）局部探索与整体研究相结合。在社会科学研究中，伴随着社会急剧的变化，以及社会科学体系内部的分化，从哲学高度来阐释社会的整体性联系及社会科学各学科之间的内在关系就显得越来越有必要（朱红文，1995）。然而，在传统的社会科学研究范式中，很多社会科学研究者都认为从整体上去认识社会发展的规律是不可能的。无疑，在"样本＝总体"的思维下，科学大数据已经为当今社会科学提供了一个研究整体的全新场景。由此，在社会科学研究中，第四范式的应用需要将局部探索和整体研究结合起来。

（3）时间维度与空间维度相结合。虽然时间和空间是界定人类社会发展与人类文明的基本维度，但是由于时间维度的分析更有利于发现事物之间的因果关系，所以时间维度在社会科学研究中得到了更多的重视。20 世纪 70 年代以后，伴随着空间信息技术的发展，空间位置的发现和揭示成为可能，社会科学研究也开始引入空间维度。事实上，对于很多社会科学问题，如果只关注时间维度，而忽视空间维度，会缺乏相关性。由此，在社会科学研究中，第四范式的应用需要将时间维度与空间维度有机融合。

（4）人工分析与工具应用相结合。在科学大数据环境下，不仅要重视各种数据分析工具的运用，同时还不能忽视人工分析在社会科学研究中的重要作用。事实上，社会科学研究有着自身特点，社会科学研究的重要对象——人和社会，拥有很多的特殊性和典型性。虽然依托大数据的各种先进工具应用极大地增强了研究者的洞察力，但是也有其局限性。这种局限性就需要通过对社会科学本源的分析、定性的语义的分析来加以补充。由此，在社会科学研究中，第四范式的应用需要人工分析与工具应用相结合。

3.2　人类动力学理论

Watson 于 1913 年发表的论文《行为主义者眼中的心理学》（Psychology as the Behaviorist Views it），被认为是行为主义心理学派诞生的标志（Watson，1913）。行为主义心理学派的重要特点是强调心理学的自然科学性质和实际应用价值，认为心理学应该是一门像化学一样的纯客观的实验科学,而心理学的任务就是预测和控制人的行为。由此，行为主义心理学派的诞生也被视为对人类行为进行科学而系统的研究的起点。在这 100 多年里,对人类行为的科学研究一直是心理学、社会学、经济学、管理学等学科共同关注的焦点之一。然而，由于人类行为的复杂性，对于一切科学探索而言都是巨大的挑战。2005 年, Barabási 在 Nature 上发表了题为"The origin of bursts and heavy tails in human dynamics"的论文，自此在复杂性科学领域开创了一个名为人类动力学的研究方向。人类动力学旨在借鉴数学的原理、物理的方法、系统的思想来对人类行为进行定量研究，在发现人类行为统计规律及其生成机制的同时，建立人类行为动力学模型（定量模型），从而再现人类行为所表现出的多种规律。虽然人类动力学这个方向问世不过十余年，但是由于其理论和应用上的双重价值，很快就吸引了国内外学者的密切关注，取得了重要研究成果。

3.2.1　人类动力学的核心思想

到目前为止，有关人类行为的科学研究大多基于临床个体资料或者实验室数据，其命题和结论都是定性描述的（李楠楠 等，2008）。由此，能否构建定量化的人类行为理论便成为科学家努力探索的一个重要问题。在人类行为的早期研究中，一个基本的假设是人类的行为发出从总体上看是随机和稳态的，由此可以用泊松过程来描述（Dyte et al.，2000）：①在不相重叠的时间区间内行为发生的次数是相互独立的；②对于充分小的 Δt，在时间区间 $[t, t + \Delta t)$ 内有 1 个行为事件发生的概率与 t 无关，与 Δt 成正比；③对于充分小的 Δt，在时间区间内多余 1 个行为事件发生的概率极小，可以忽略。在上述假设条件下，可知行为事件到达的随机动力学过程可以用泊松过程描述，并可以看作具有负指数间隔的计数过程（汪荣鑫，2006）。由此，人类发生的连续的行为之间的时间间隔是均匀的。

然而，Barabási（2005）的研究发现了人类行为在时间上对泊松过程的偏离：

往往是在一段非常长的时间内静默无事发生，却又会在短时间内频繁爆发。Barabási 还进一步发现这种现象的时间间隔分布大多服从幂律分布，并可以利用基于任务的排队模型来模拟，从而为人类行为的定量研究提供了一个新的思路：从记录人类活动历史的数据库中挖掘出人类行为的统计规律，在揭示统计规律形成机制的基础上构建动力学模型。随后，Brockmann 等（2006）发表在 *Nature* 上的一篇论文《人类旅行的标度律》（The scaling laws of human travel）揭示了人类长途旅行中表现出来的既不同于随机游走，又不同于莱维飞行的独特性质，又进一步强化了上述思路。Vázquez 等（2006）随后研究了不同种类的人类活动，包括网页浏览、电子邮件、图书借阅、商业交易、科学家通信，发现观测到的间隔时间分布具有肥尾效应；李楠楠等（2008）统计了钱学森和鲁迅先生的信件数据，发现信件回复时间分布和信件发送间隔时间分布都服从幂律分布；周涛（2008）、刘红玲等（2014）先后统计分析了在线共享电影网站 Netflix 的在线点播行为，发现无论是群体层次还是个体层次的在线点播行为，其间隔时间分布均服从幂律分布，而且与对应人群观看电影的活跃程度存在着重要关联；Asur 等（2011）、Bao 等（2011）、易兰丽（2012）、车培荣 等（2013）通过分析 Twitter、新浪微博的实际数据，发现微博发布、转发和评论的间隔时间分布均服从幂律分布，并因为事件影响时长而互有差别；Yang 等（2018）通过分析消费者的网络购物行为，发现消费者的重购时间间隔符合幂律分布；王飞飞 等（2018）、张大勇等（2019）通过爬取微信数据，发现微信用户日常信息行为在时间间隔分布上存在着肥尾效应和阵发性；Li 等（2018）、郭博等（2018）、沈洪洲等（2019）通过分析网络社区中的问答数据，发现在个体和群体层面，用户行为在时间上具有相似的幂律分布规律。

3.2.2　人类动力学的核心指标

人类动力学在时间维度的常用指标主要有七种，它们能从不同角度揭示人类行为在时间维度的特征，具体如表 3.1 所示。

表 3.1　人类动力学核心指标的含义及其揭示的规律示例

指标名称	指标含义	指标揭示的规律示例
时间间隔	时间间隔是连续发生的两次行为之间的时间差	例如，在社交网络信息交流行为中，通过时间间隔分析，可以发现单个信息传递者两次连续的信息发布行为之间的时间间隔分布特征规律
等待时间	等待时间是指从某一行为发生开始，直到该行为引发回应行为所经过的时间	例如，从信息传递者发布信息到信息接收者评论该信息的这段时间称为等待时间；虽然信息传递者与信息接收者之间是一对多的关系，但是在进行等待时间分析时需要一对一地单独分析，由此可以发现等待时间分布特征规律

续表

指标名称	指标含义	指标揭示的规律示例
阵发性	阵发性是指某一行为经常在短期内频繁出现，然后又在相当长的一段时间里发生次数很少或是不再发生	例如，通过阵发性分析，可以揭示单个信息传递者的信息发布行为是否会呈现交错的活跃期与非活跃期
记忆性	记忆性是指某一行为是否会受到过去该行为的影响	例如，通过记忆性分析，可以判断信息发布行为是否呈现记忆性特征，较长的信息发布间隔时间是否会导致其下一次的信息发布间隔时间也较长，而较短的信息发布间隔时间是否会导致其下一次的信息发布间隔时间也较短
活跃度	活跃度是指单位时间内某一行为发生的平均频次	例如，通过活跃度分析，可以揭示单个信息传递者单位时间内信息发布行为的平均频次
周期性	周期性是指某一行为是否以特定尺度的单位时间为循环周期重复发生	例如，通过周期性分析，可以揭示单个信息传递者的信息发布行为在时间上是否有一定的循环规律
波动性	波动性是指某一行为在单位时间内发生的平均频次的变化情况，也就是活跃度的变化情况	例如，通过波动性分析，可以揭示单个信息传递者的信息发布行为在单位时间内发生的平均频次的变化情况，也就是活跃度的变化情况

1）时间间隔

时间间隔是指连续发生的两次行为之间的时间差，它是人类动力学核心指标之一，也是验证人类动力学模型是否科学的关键指标。具体而言，时间间隔分析可以分为个体层面和群体层面。个体层面的时间间隔分析只需要统计个体的任意两个连续的行为之间的时间差，并计算各时间差出现的概率。群体层面的时间间隔分析是将所有的行为个体看成一个整体，并不区分个体身份，只需要统计任意两个连续的行为之间的时间差，并计算各时间差出现的概率。

2）等待时间

一般而论，等待时间是指从某一发生开始，直到该行为引发回应行为所经历的时间。在人类动力学中，等待时间是指从某一行为发生开始，直到该行为引发回应行为所经过的时间。具体而言，等待时间分析需要统计该行为与回应行为的时间差，并计算各时间差出现的概率。

3）阵发性

阵发性是指某一行为经常在短期内频繁出现，然后又在相当长的一段时间里发生次数很少或是不再发生，可以区分为个体层面和群体层面。阵发性 B 的计算方法如式（3.1）所示（Goh et al.，2008）：

$$B = \frac{\sigma_\tau - m_\tau}{\sigma_\tau + m_\tau} \qquad (3.1)$$

式中：σ_τ、m_τ 分别为时间间隔分布的标准差和均值。阵发性 B 为 $-1 \sim 1$。对于时间间隔服从指数分布，其标准差等于均值，所以阵发性 B 值等于 0；而对于时间间隔服从幂律分布，其标准差一般大于均值，阵发性 B 值将接近于 1。

4）记忆性

记忆性是指某一行为是否会受到过去该行为的影响。在具体分析过程中，需要将人类行为的时间间隔序列依时间先后排序，假设时间间隔序列有 n_τ 个元素，指定前 $n_\tau - 1$ 的元素构成序列 l_1，后 $n_\tau - 1$ 个元素构成序列 l_2，则两个序列的 Pearson 关联即可描述该行为时间间隔序列的记忆性。记忆性 M 的计算方法如式（3.2）所示（Goh et al.，2008）：

$$M = \frac{1}{n_\tau - 1} \sum_{i=1}^{n_\tau - 1} \frac{(\tau_i - m_1)(\tau_{i+1} - m_2)}{\sigma_1 \sigma_2} \tag{3.2}$$

式中：m_1 与 m_2 分别为序列 l_1 和 l_2 的均值；σ_1 与 σ_2 分别为序列 l_1 和 l_2 的标准差。记忆性 M 为 $-1 \sim 1$ 的实数：$M > 0$，表示序列 l_1 和序列 l_2 正相关，即长（短）时间间隔之后的下一个时间间隔通常也是长（短）时间间隔，在时间间隔特性上呈现正向记忆性；$M < 0$，表示序列 l_1 和序列 l_2 负相关，即长（短）时间间隔之后的下一个时间间隔通常是短（长）时间间隔，在时间间隔特性上呈现负向记忆性。

5）活跃度

活跃度是指单位时间内某一行为发生的平均频次，可以区分为个体层面和群体层面。活跃度 a 的计算方法如式（3.3）所示：

$$a = \frac{N}{T} \tag{3.3}$$

式中：N 为个体或群体在该特定时间区间发出的总的行为数量；T 为该时间区间所包含的单位时间数量。

6）周期性

周期性是指某一行为是否以特定尺度的单位时间为循环周期重复发生，可以区分为个体层面和群体层面。具体而言，周期性分析需要统计不同尺度的单位时间（如小时、天、周等）内某一行为发生的频次，如果存在特定尺度下的单位时间内某一行为发生的频次均大于零，那么该单位时间便是某一行为重复发生的一个循环周期。如果存在多个尺度下的单位时间都满足条件，那么选择最小尺度的单位时间作为某一行为重复发生的循环周期。

7）波动性

波动性是指某一行为在单位时间内发生的平均频次的变化情况，也就是活跃度的变化情况，同样可以区分为个体层面和群体层面。在具体分析过程中，可以选择不同尺度的单位时间（如小时、天、周）分别展开统计。以小时为例，一天有 24 个时间单位，就需要分别统计 24 个时间单位对应的活跃度。

3.2.3　人类动力学的经典模型

在早期人类行为的相关研究中，由于研究方法、分析工具的缺乏，一般认为人类行为在时间间隔上是均匀稳态的，较少出现非常大或非常小的情形，可以利用泊松过程进行模拟。由此，对于给定的个体，其连续两次行为的时间间隔将服从指数分布，即 $P(\tau) \sim \lambda e^{-\lambda \tau}$。随着数据获取与分析能力的不断提高，可供人类研究的客观行为数据越来越多，通过对这些客观行为数据进行分析发现，许多人类行为的时间间隔分布并不服从指数分布。同时，很多人类行为的时间间隔分布呈现明显的肥尾效应，更加适用幂律分布函数 $P(\tau) \sim \tau^{-\alpha}$。为了探究这一现象形成的内在机制，学者从不同的角度进行了研究，并尝试从定量的方法构建相应的动力学模型，从而再现人类行为所表现出的多种规律。目前，在人类行为的时间维度上，人类动力学模型主要分为三类：任务驱动型模型、非任务驱动型模型、社会交互型模型。

1. 任务驱动型模型

任务驱动型模型主要用于每天必须安排的任务，由此促发人类行为。Barabási（2005）在关于人类动力学的奠基性论文中，提出了一个基于任务队列的人类动力学模型——Barabási 模型。Barabási 模型的基本思想是人们在日常生活和工作中需要面对很多任务，通常采用的一种处理方式就是按照一定的顺序（如先进先出、随机、优先级等）一件一件地处理。假设用户有一个任务列表，其中有 L 项需要处理的任务。此时，用户对这些任务可以有三种可能的处理方案。①先进先出方案，即用户按照其获得任务的时间顺序执行任务。在这种方案下，一个任务的等待时间为排在它前面的所有任务的执行时间之和。如果执行每个任务的时间满足一个有界分布，则每项任务从接受到执行完成之间的等待时间是均匀分布的。②随机执行方案，即每次从列表中随机抽取一项任务执行。在这种方案下，每项任务的等待时间分布呈现出指数特性。③按照任务优先级执行方案，即优先级最高的任务最先执行。在这种方案下，需要为每项任务设定优先权参数 $x_i (i = 1, 2, \cdots, L)$，该参数由分布函数 $\eta(x)$ 生成。在每个时间步，用户选择优先权大的任务进行处理，该项任务被执行后，将其从任务列表中删除。所以具有高优先级的任务加进列表后很快被执行，但是优先级低的任务却要长期停留在任务列表中等待。需要说明的是，对于每个时间步，用户执行最高优先级任务的概率是 p，随机选取一个任务执行的概率是 $1-p$。若 $p \to 0$，则模型退化为随机选择方案；若 $p \to 1$，则是高优先级优先执行的方案。基于任务队列的 Barabási 模型，作为人类动力学的首个重要的模型，在解释人类行为生成机制方面取得了关键突破，到目前为止仍然是人类动力学建模的重要思想。之后，部分学者对基于任务队列的模型做了改进。例如：Blanchar 等（2007）提出了带有老龄化机制的人类动力学模型，每个等待被处理的任务有一个截止时间并且随着时间的流动平稳地递减，在每个给定时刻，任务的排程遵循最早-截止时间-最先服务的准则；鲍媛媛（2012）分析了基于任务队列的模型的局限性，将优先权排队与服务台的休假结合到一个模型中进行研究求解，构建了一个基于非强占型优先权的 M/D/1 多重休假排队模型。

2. 非任务驱动型模型

尽管任务驱动型模型在解释人类行为时间规律方面取得了很大的成功，但是人类行为的驱动机制并不是单一的。针对任务驱动型模型的不足，国内外学者纷纷从其他角度对人类行为时间特性进行模型研究。这些研究涉及兴趣变化（Li et al.，2018；Shang et al.，2010；Han et al.，2008）、习惯支配（焦玉 等，2010）、记忆驱动（Vázquez，2007）、生理周期和工作周期的影响（Hidalgor，2006）、所做事情之间的关联（Chmiel et al.，2009）等方面，相应的动力学模型也先后被提出，而且在微博（车培荣 等，2013；易兰丽，2012；Bao et al.，2011）、QQ（王洪川 等，2012；罗芳 等，2011）、在线阅读（张琳艳，2013；王月，2011）等领域得到了一定的应用。以下是两种具有代表性的非任务驱动型模型。

1）记忆驱动模型

Vázquez（2007）提出了一种基于记忆的人类动力学模型。该模型的基本假设是人类对他们过去的活动率有一个直观的感知，他们会根据过去的活动率来确定是加速或者减速。记 $\lambda(t)\mathrm{d}t$ 为在 $t\sim t+\mathrm{d}t$ 时间内用户进行某项活动的概率。基于这个假设，关于 $\lambda(t)\mathrm{d}t$ 的方程可以写为 $\lambda(t)=a\dfrac{1}{t}\int\lambda(t')\mathrm{d}t'$。式中：$a>0$ 是这个模型中的唯一参数；当 $a=1$ 时，$\lambda(t)=\lambda(0)$，该过程处于稳态；当 $a\neq 1$ 时，该过程不处于稳态，进行该项活动的概率将要增大（$a>1$）或减小（$a<1$）。基于上述理论可以得出，从初始时刻 0 到时刻 T 期间，有以下几种结论。

（1）当 $a>1$ 时，用户处于加速活动状态，在[0, T]期间某项活动频繁发生时，该项活动发生的时间间隔分布满足幂律分布，幂指数 $\alpha=2+\dfrac{1}{a-1}$。

（2）当 $\dfrac{1}{2}<a<1$ 时，此时该项活动发生的时间间隔分布不体现幂律分布特性。

（3）当 $0<a<\dfrac{1}{2}$ 时，用户处于减速活动状态，当满足在[0, T]期间某项活动少量发生时，该项活动发生的时间间隔分布满足幂律分布，幂指数 $\alpha=1-\dfrac{a}{1-a}$。

2）兴趣驱动模型

兴趣驱动模型是除了任务驱动型模型的又一类重要的人类动力学模型。Han 等（2008）针对个体娱乐生活为主的行为环境，提出了一种基于兴趣的人类动力学模型。该模型认为人们在娱乐享受时，每次从事同一娱乐事件的概率会随着从事该事件的兴趣而变化。例如：频繁地在网上点播视频，兴趣会下降；当网上点播视频的频率下降到一定阶段后，兴趣又会慢慢回升。模型的具体规则如下所示。

（1）时间离散化，在时间步 t，用户从事某类事件的概率为 $r(t)$。

（2）在 $t+1$ 时间步，$r(t+1) = a(t)r(t)$，其中

$$a(t) = \begin{cases} a_0, & t_i \leqslant T_1 \\ a_0^{-1}, & t_i \geqslant T_2 \\ a(t-1), & T_1 < t_i < T_2 \end{cases}$$

在模型中，用户每发生一次娱乐事件，$r(t)$ 要进行一次刷新，更新规则为 $r(t+1) = a(t)r(t)$。其中，T_1、T_2、a_0 为固定的参数，且 $T_1 \ll T_2$，$0 < a_0 < 1$。可以看到，模型中 T_1、T_2 的大小实际上控制了 $r(t)$ 的取值范围。仿真模拟显示了当这两个阈值参数相差 3 个数量级时，用户从事某一娱乐事件的间隔时间服从幂指数为–1 的幂律分布。

Shang 等（2010）针对娱乐环境下用户行为提出了另一种基于兴趣的人类动力学模型。该模型可以描述为：①用户在时间步 t 对某项活动的兴趣值 $x(t)$ 用该项活动发生的概率来测度，用户初始时刻兴趣最高，对应该项活动发生的初始概率为 1；②在每个时间步 t，如果一项活动发生了，那么将兴趣值 $x(t)$ 设定为 1；③在每个时间步 t，如果 t' 是该项活动最近发生的时间步，那么用户在时间步 t 的兴趣值设定为 $\dfrac{1}{1+\alpha(t-t')}$。其中，$\alpha$ 是表示兴趣衰减程度的参数。

如果在时间步 t 发生了该项活动，那么该项活动在时间步 $t+\Delta t (\Delta t = 1,2,3,\cdots)$ 再次发生的概率为

$$P(\Delta t) = \frac{1}{1+\alpha \Delta t} \prod_{i=1}^{\Delta t-1} \left(1 - \frac{1}{1+\alpha i}\right) = \frac{1}{\alpha} B\left(\Delta t, 1 + \frac{1}{\alpha}\right) \sim \frac{1}{\alpha} \Delta t^{-\left(1+\frac{1}{\alpha}\right)}$$

即该项活动发生的时间间隔服从参数为 $\gamma = 1 + \dfrac{1}{\alpha}$ 的幂律分布。显然，该模型生成的幂指数受到参数 α 的影响，具有可调节性，从而具有更广泛的适用性。

3. 社会交互型模型

任务驱动型模型、非任务驱动型模型都只考虑了孤立的个体用户，而人类很多行为都需要多人协作交互才能完成。Oliveira 等（2009）针对两个个体用户的交互行为，提出了一种拓展的任务队列模型（OV 模型）。OV 模型仅考虑两位个体

用户 A 和用户 B，每个个体用户都有两种类型的任务：个体用户各自完成的独立任务（O）；需要两个个体用户共同执行才能完成的交互任务（I）。其中，每项任务根据概率密度函数 $\eta(x)$ 得到一个随机优先级 $x_{ij}(i=O,I;j=A,B)$。在每个时间步，每个个体用户都会执行在其任务列表中优先级最高的任务（用户 A 的任务列表长度为 L_A，用户 B 的任务列表长度为 L_B）。如果双方都选择 I 类任务，那么他们可以共同执行；否则他们只能选择 O 类任务，各自独立执行。其中，I 类任务的时间间隔近似幂律分布，并且能够产生不同的幂指数。虽然 OV 模型较为简易，但它扩展了 Barabási 模型的研究范围；并为交互行为模型研究提供了一个可能的突破路径。

3.3　科学研究第四范式下社交网络信息交流行为研究范式嬗变

社交网络信息交流行为一直以来都是管理学、复杂性科学、计算机科学等学科的重要研究领域之一。由于其交叉领域的本质属性，社交网络信息交流行为的研究范式往往会受到多个学科不同研究范式的重要影响，从而不断演进创新。

3.3.1　科学研究第四范式对社交网络信息交流行为研究的影响

无论是自然科学还是社会科学，其研究范式都经历了三个阶段，而且在第三阶段是采用相同的研究范式——仿真模拟，如今又携手进入了第四范式阶段。此阶段，科学家已经把数据作为科学研究的对象和工具，基于数据来思考、设计和实施科学研究。人类行为一直以来都是社会学、心理学、管理学、复杂性科学、计算机科学等学科的重要研究领域之一，也是推动多学科协同发展的着力点。现代信息技术的快速发展带来了信息交流行为与社交网络深度融合的局面。无疑，社交网络拥有巨量的活跃用户，他们已经在社交网络中产生了海量的信息交流行为数据。社交网络信息交流行为大数据完整记录了社交网络数据、并记录了海量用户的所言所行、用户间形成的种类繁多的社会关系，以及用户产生话题的生命周期轨迹，不仅为社交网络信息交流行为研究提供了丰富的客观数据，同时也为社交网络信息交流行为研究范式的创新提供了宝贵的历史机遇。

3.3.2　基于人类动力学的社交网络信息交流行为研究新范式

人类动力学吸收了多个学科的研究方法，形成了仿真研究范式和第四范式的综合体。从研究目标来看，人类动力学主要是通过统计分析揭示人类行为中展现出来的相对普遍的行为规律（如通信间隔时间和回复时间的幂律分布等），并挖掘行为的内在机制（如重要信件优先处理，容易回复的信件优先处理等）；从研究方法上讲，人类动力学是通过无干预的客观数据，从一个外在观察者的角度给出量化的分析结果；从技术路线上讲，人类动力学是遵从"观察→数据获取与分析→统计规律挖掘→建模再现行为规律"的循环，几乎不对数据的产生过程、获取过程、分析结果进行人工的干预，从而保证了研究结果的客观性（周涛 等，2013）。由此，基于人类动力学的社交网络信息交流行为研究本质上是科学研究第四范式下研究社交网络信息交流行为的新范式，通过一种基于客观行为数据不带有任何先设动机的审视与观察，探索社交网络信息交流行为统计规律与动力学模型，与社会心理学等相关理论有着明显的区别，如表 3.2 所示。

表 3.2　　两种人类行为研究范式的比较分析

内容	基于社会心理学等理论的研究范式	基于人类动力学的研究范式
研究对象	社交网络信息交流行为（不严格区分个体层面信息交流行为和群体层面信息交流行为的重要差异）	①社交网络中个体层面信息交流行为；②社交网络中群体层面信息交流行为
研究目标	①构建信息交流行为理论模型（定性模型）；②厘清信息交流行为的影响因素	①构建信息交流行为动力学模型（定量模型）；②揭示信息交流行为的统计规律及其生成机制
技术路线	建立概念模型→提出假设→问卷设计→数据获取→数据分析→假设验证与修正	行为数据获取→统计规律发现→生成机制分析→动力学模型建立→仿真模拟验证
研究方法	①实证调查；②统计分析（相关分析、回归分析、结构方程模型等）	①网络数据抓取；②统计分析（特定指标分析、相关分析等）；③数学建模；④仿真模拟

（1）从研究对象来看。目前，已有的基于社会心理学等理论的研究范式在以社交网络信息交流行为作为研究对象时，并未严格区分个体层面信息交流行为和群体层面信息交流行为的重要差异。事实上，通过社交网络的强大聚合功能，个体层面信息交流行为叠加转化成为群体层面信息交流行为之后将会形成整体的涌现性，使得群体层面信息交流行为拥有个体层面信息交流行为无法具备的特征，所以有必要针对两种层次信息交流行为分别展开研究。应用基于人类动力学的研究范式，可以将社交网络信息交流行为区分为个体层面和群体层面两个层次，有利于获得更为深入、细致的研究成果。

（2）从研究内容来看。当前，已有的基于社会心理学等理论的研究范式主要关注社交网络信息交流行为的理论模型和影响因素两个方面。首先理论模型研究旨在从定性的角度以简化的形式解释用户在信息交流过程中传递信息、接收信息、反馈信息等复杂过程。然而，理论模型属于定性模型，能否建立社交网络信息交流行为的定量模型（数学模型）应该是值得深入思考的一个重要科学问题。其次，影响因素研究旨在解释用户为什么参与社交网络信息交流，以及信息交流过程会受到什么因素影响，属于社交网络信息交流行为规律的重要研究内容。在大数据时代，对社交网络信息交流行为规律的探索不能仅仅局限于社交网络信息交流行为的影响因素。利用大数据来发现社交网络信息交流行为隐藏的相关规律，或许是大数据时代赋予研究者的重要使命。由此，应用基于人类动力学的研究范式，可以利用大数据来挖掘社交网络信息交流行为隐藏的相关规律，并建立社交网络信息交流行为动力学模型（定量模型），从而突破了已有研究的内容范畴。

（3）从研究方法来看。目前，已有的基于社会心理学等理论的研究范式主要是通过实证调查的方法获得相关数据，进而利用相关分析、回归分析、结构方程模型等统计分析方法，研究社交网络信息交流行为的影响因素。然而，通过实证调查获得的数据量相对较小，而且主观性也相对较大。以结构方程模型为例，通常是基于先入为主的研究假设进行演绎推理，再通过实证检验演绎推理的结论，这种方式会影响到研究者对真实世界的观察，一些与研究假设不符或不"典型"的现象往往会被研究者过滤掉（巴志超 等，2018）。应用基于人类动力学的研究范式，通过网络数据抓取的方法获得海量的客观行为数据，利用统计分析方法挖掘社交网络信息交流行为规律，并利用数学建模、仿真模拟等方法建立定量模型，从而实现研究方法的拓展与创新。

3.3.3　天涯社区信息交流行为的人类动力学研究示例

当前，以天涯社区为代表的第一代在线社区被学者关注相对较少。天涯社区作为诞生较早的在全球极具影响力的中文在线社区，不仅有着自身独有的特色，而且拥有大量的活跃用户，对其中的信息交流行为规律的探索也有着重要的意义。

1. 数据采集

实证数据选自天涯社区中 9 个互动较为活跃的板块，9 个板块分别是职场天地、旅游休闲、时尚资讯、天涯杂谈、娱乐八卦、股市论坛、百姓声音、创业家园、贴图专区。数据采集时，使用 Python 语言在 Scrapy 框架下编写爬虫程序，以网站首页的发帖为开始节点，遍历抓取 2018 年 7 月 1 日至 2018 年 9 月 30 日期间发帖的 ID、URL 等信息，然后根据发帖的 ID 抓取对应的回帖信息。在去除无效数据后，最终保留了 1059219 条数据，包括发帖 79501 条，回帖 979718 条，由此形成数据集 A。图 3.1 描述了各板块发帖数和回帖数的占比分布，图 3.2 给出了所采集的数据字段类型。

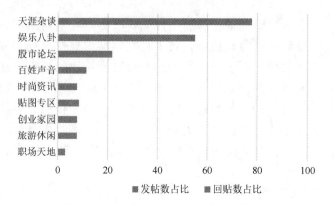

图 3.1　各板块发帖数和回帖数的占比分布（单位：%）

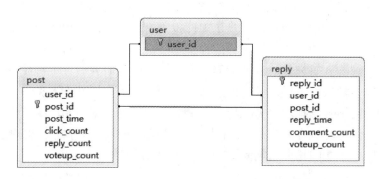

图 3.2　所采集的数据字段类型

2. 个体层面回帖行为分析

编写 MATLAB 程序对个体用户回帖数进行分析,得到双对数坐标下个体用户回帖数的概率分布图,同时利用最小二乘法对主体数据进行曲线拟合,得到个体用户回帖数的拟合曲线,如图 3.3 所示。其中,圆圈为个体用户回帖数量的原始数据,直线是拟合曲线。可以发现,个体用户回帖数量服从幂指数为 1.9321 的幂律分布,具有明显的肥尾效应,表现出很强的不均匀性。由此,针对个体用户回帖数做进一步描述性统计分析,如表 3.3 所示。个体用户回帖数的均值为 8.3,中位数为 2,众数为 1,表明绝大多数用户回帖数很少,但方差和标准差均很大,说明不同用户回帖数的分散程度很大。因个体用户量较大且绝大多数用户回帖数较少,在对个体用户回帖的时间特征进行分析时,使用活跃度来筛选个体样本。在整个回帖数据集中,回帖的时间跨度为 333 天,其间共有 117707 位用户参与回帖,回帖数小于 10 的用户占到回帖总人数的 88.04%,其中回帖数为 1 的用户占 49.28%,而回帖数超过 500 的用户仅占总人数的 0.15%。鉴于此,本节最终将活跃度 $A \geqslant 1.5$ 的 176 位用户视为活跃用户,以他们为样本对个体用户回帖的时间特性进行分析，部分活跃用户的回帖活跃度信息如表 3.4 所示。

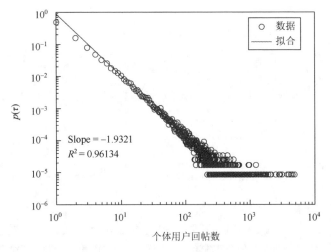

图 3.3　双对数坐标下个体用户回帖数的概率分布

Slope 表示幂指数；R^2 表示拟合度

表 3.3　个体用户回帖数的统计分析

项目	参数名称						
	最大值	最小值	均值	中位数	众数	标准差	方差
回帖数	4795	1	8.3	2	1	55	3020.6

表 3.4　部分活跃用户的活跃度信息

用户 ID	回帖数	活跃度/天
134750537	4795	14.40
126293027	4277	12.84
137105886	3936	11.82
⋮	⋮	⋮
87995033	500	1.50

1）时间间隔分析

通过对 176 位活跃用户回帖行为的时间间隔进行分析，发现有 167 位活跃用户回帖行为的时间间隔分布服从幂律分布（以分钟为统计尺度），所有样本用户均表现出明显的肥尾效应，表明个体用户回帖行为不均匀是一种普遍现象。图 3.4 给出了 167 位活跃用户回帖行为时间间隔分布的幂指数，主要集中在 1～2，均值为 1.38。

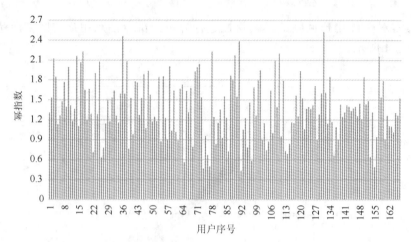

图3.4 167位活跃个体用户回帖行为时间间隔分布的幂指数

2）阵发性分析

经计算，176位活跃用户阵发性 B 的均值为0.65，具有强阵发性，即短时间内的高频率爆发和长时间的静默交织，从而在一定程度上解释了个体用户回帖行为的不均匀性。

3）记忆性分析

经计算，176位活跃用户记忆性 M 的均值为0.16，表现出弱记忆性。图3.5描述了176位活跃个体用户回帖行为的阵发性和记忆性分布。图3.5中每个点代表一个活跃用户，大约30%的用户回帖频次大于1000，其余约70%的用户回帖频次在500~1000；活跃用户阵发性均大于0，在0.6~0.8密集分布，而活跃用户记忆性正负值均存在，其中39位活跃用户记忆性小于0，137位活跃用户记忆性大于0，记忆性集中分布在0~0.2。

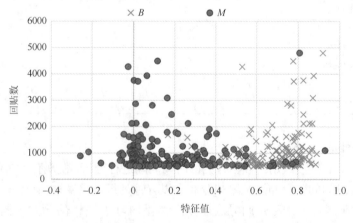

图3.5 活跃个体用户回帖行为的阵发性和记忆性分布

4）波动性分析及其拓展

波动性分析具体计算过程为区分不同用户，将各个用户的回帖数据按照星期一到星期日进行分类，然后分别统计出各用户每一天的回帖数。图 3.6 中 x 轴表示一天内的时间段分布，1 表示落在 0 点到 1 点的回帖数量，3 表示落在 2 点到 3 点的回帖数量，以此类推。y 轴表示在 x 时段内回帖的数量。图 3.6（a）和（b）分别展示了从星期一到星期日，活跃用户 A 和活跃用户 B 的回帖数在各个时间段的波动情况。由图 3.6（a）和（b）可知，从星期一到星期日，活跃用户 A 回帖数的波动变化存在明显的差异，每天的回帖时间不固定；而活跃用户 B 回帖数的波动变化比较规律，从星期一到星期日，每天 0 点到 16 点回帖数比较稳定，17 点到 23 点回帖数出现一定起伏。相对于时间间隔、阵发性、记忆性等量化分析指标而言，波动性分析无法直接得到量化值，而需要辅以主观的判断。

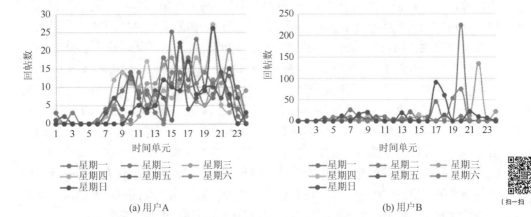

(a) 用户A　　　　　　　　　　　　　(b) 用户B

图 3.6　活跃用户回帖行为的波动性

由此，可以引入有序性以描述用户行为波动是否稳定，即量化用户回帖行为时间序列的有序性。具体地，首先区分用户，记录每个用户行为发生的时间段（从中截取小时和分钟），并构造时间序列，将每个用户的原始时间序列记为 $\{t_1, t_2, t_3, \cdots, t_n\}$；然后将一天 24 h 切分为 48 个时间段（每隔 30 min 对一个时间段进行编码），0:01～0:30 为第 1 个时间段，0:31～1:00 为第 2 个时间段，以此类推，23:01～23:30 为第 47 个时间段，23:31～0:00 为第 48 个时间段，从而每个用户有其新的时间序列 $\varepsilon = \{t_1', t_2', t_3', \cdots, t_n'\}$。此时，便可以使用熵 s_ε 来度量任意时间序列 ε 的有序性，s_ε 越大，有序性越低，反之，有序性越高（Cao et al., 2018）。有序性计算公式如下：

$$s_\varepsilon = \left(\frac{1}{n} \sum_{i=1}^{n} \Lambda_i \right)^{-1} \ln n \qquad (3.4)$$

式中：n 为时间序列的长度；Λ_i 为从 ε 的 t'_i 开始的最短子序列的长度，且这个最短子序列之前从未出现过。若不存在这样的子序列，则设 $\Lambda_i = n-i+2$。例如，某用户行为发生的时间序列为 {21:05，21:33，21:13，21:48，21:40}，进行编码之后，对应的新的时间序列 $\varepsilon = \{43, 44, 43, 44, 44\}$，然后计算 ε 的 t'_i 开始的最短子序列的长度 Λ_i，经计算 $\Lambda_1 = 1$，$\Lambda_2 = 1$，$\Lambda_3 = 3$，$\Lambda_4 = 2$，$\Lambda_5 = 2$，熵 $s_\varepsilon = 0.894$。利用式（3.4）计算得用户 A 的熵 $s_\varepsilon = 0.73$，用户 B 的熵 $s_\varepsilon = 0.15$，前者的熵值大于后者，说明用户 A 回帖行为波动的有序性低于用户 B 回帖行为波动的有序性。由此，相对于传统的波动性分析而言，有序性分析可以具体量化个体用户回帖行为波动的稳定性，从而进一步增加了指标的解释力。

5）幂指数、阵发性、有序性的熵值三者之间的关系分析

通过以上分析，得到了各个用户回帖的时间间隔的幂指数、阵发性和有序性的熵值。其中：幂指数可以用来反映用户回帖时间的均匀程度；阵发性是刻画用户时间短时期密集活动和长时间静默的物理量；熵值的大小可以反映用户回帖时间波动有序性的高低。为进一步探究三者之间的关系，从活跃用户中选择 $1.5 \leqslant A$（活跃度）$\leqslant 4.0$ 的 120 位用户，对三者之间的关系进行分析，结果如图 3.7 所示。由图 3.7 可知，阵发性正相关于幂指数，即阵发性值越大，个体回帖行为的的时间间隔分布的幂指数越大；阵发性负相关于有序性的熵值，即阵发性值越大，有序性的熵值越小；幂指数和有序性的熵值具有负向相关性，即幂指数越大，有序性的熵值越小。相关性的计算结果表明，幂指数和阵发性的相关系数为 0.40，有序性的熵值和阵发性的相关系数为 –0.54，有序性的熵值和幂指数的相关系数为 –0.45，计算结果与图像呈现出的结果相一致。可以认为，用户回帖行为波动的有序性越高，回帖行为的时间间隔越不均匀，长时间静默和短时间密集活动的现象越显著。

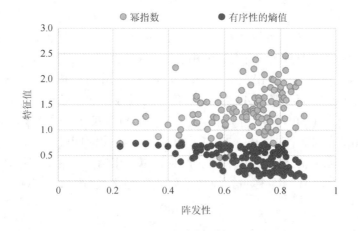

图 3.7　个体用户回帖行为幂指数、阵发性、有序性的熵值之间的关系

3. 群体层面回帖行为分析

群体层面回帖行为的人类动力学分析需要以特定用户发布的单条主帖为基础，通过分析群体用户回帖行为的时间间隔、阵发性、记忆性等，以发现时间维度的相关统计规律。同时，在线社区群体回帖行为是一类复杂的群体协作行为，通过微观层面大量个体用户回帖行为的迭代与嵌套，将会在宏观层面涌现出热门话题。由此，对于涌现出热门话题的这一类群体回帖行为，同样可以利用人类动力学的相关指标进行分析。通过分析 79501 条主帖及其关联的 979718 条回帖，可以得到单条主帖回帖数的概率分布，结果表明单条主帖回帖数的概率分布服从幂指数为 1.7155 的幂律分布（图 3.8），具有明显的肥尾效应。在此基础上，进一步对各主帖的回帖数做统计，结果如图 3.9 和表 3.5 所示。由图 3.9 可知，72.85% 的主帖的回帖数小于 10，而回帖数大于 300 的主帖仅占所有主帖的 0.57%。由表 3.5 可知，单条主帖回帖数的均值为 12.6，中位数为 1，众数为 0，方差和标准差均很大。综上，采用不同的计算方法，结果均表明各条主帖的回帖数差异较大，群体用户回帖行为具有一定选择性。考虑到主帖数量较大且单条主帖回复数的差异较大，最终选择回复数大于 1000 的 74 条主帖作为分析样本。

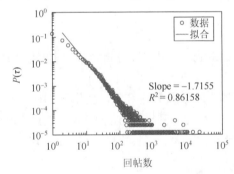

图 3.8　双对数坐标下单条主帖回帖数的概率分布

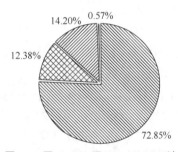

图 3.9　单条主帖回帖数的分布

表 3.5　单条主帖回帖数的统计分析

项目	参数名称						
	最大值	最小值	均值	中位数	众数	标准差	方差
回帖数	22038	0	12.6	1	0	148.8	22146.7

4. 单条主帖下群体用户回帖行为的人类动力学分析

1）时间间隔分析

通过对 74 条主帖下群体用户回帖行为的时间间隔进行分析，发现有 69 条主帖服从幂律分布,且所有样本均有明显的肥尾效应(以分钟为统计尺度)。图3.10描述了69条主帖下群体用户回帖行为时间间隔分布的幂指数,均值为1.36。

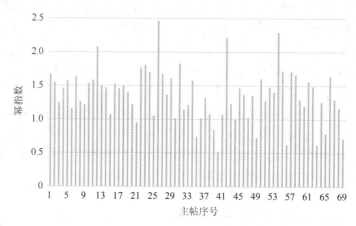

图 3.10　69 条主帖下群体用户回帖行为时间间隔分布的幂指数

2)阵发性分析

经计算,得到 74 条主帖下群体用户回帖行为的阵发性分析结果,均值为 0.65,表现出强阵发性。

3)记忆性分析

经计算,得到 74 条主帖下群体用户回帖行为的记忆性分析结果,均值为 0.26,表现出弱记忆性。

图 3.11 描述了 74 条主帖下群体用户回帖行为的阵发性和记忆性分布。图 3.11 中每个点代表一条主帖,其阵发性均大于 0,在 0.6~0.9 密集分布,而其记忆性正负值均存在,其中 4 条主帖的记忆性小于 0,其余均大于 0,记忆性集中分布在 0~0.4。

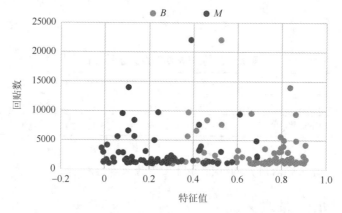

图 3.11　74 条主帖下群体用户回帖行为的阵发性和记忆性分布

　　为了分析单条主帖下群体用户回帖行为涌现，需要首先对热门话题进行识别，具体过程为对各板块每天主帖的回帖数进行降序排列，当主帖的累计回帖数达到当天总回帖数的 80%时，该主帖便被标记为准热门话题，最后统计准热门话题的持续时长。经过多次实验，最终将准热门话题持续时间 $T \geqslant 3$ 天的主帖作为热门话题。表 3.6 描述了热门话题数的构成分布。其中，娱乐八卦板块发帖数占总发帖数的 12.83%，回帖数占总回帖数的 57.82%，热门话题数占热门话题总数的 39.43%，而剩余 8 个板块的热门话题数平均占总热门话题数的7.57%，与娱乐八卦板块相比，其他板块的热门话题数相对较少。表 3.7 描述了热门话题的数据格式，其中，article_id 是文章的 ID，start_time1 是主帖进入准热门话题队列第一天的第一条回帖的发帖时间，start_time2 是主帖进入准热门话题队列第一天的最后一条回帖的发帖时间，end_time1 是主帖处于准热门话题队列最后一天的第一条回帖的发帖时间，end_time2 是主帖处于准热门话题队列最后一天的最后一条回帖的发帖时间。

表 3.6　热门话题数的构成分布

板块	发帖数	回帖数	热门话题数	热门话题数占热门话题总数比例
娱乐八卦	10199	413292	515	39.43%
全体（9 个板块总和）	79501	979718	1306	100%

表 3.7　热门话题的数据格式

article_id	start_time1	start_time2	end_time1	end_time2
5929938	2018/7/4 9:11	2018/7/4 23:38	2018/7/9 8:41	2018/7/9 23:41
⋮	⋮	⋮	⋮	⋮
1525688	2018/7/6 1:12	2018/7/6 21:20	2018/7/9 0:37	2018/7/9 23:25

　　首先以娱乐八卦板块为例，分别以 start_time1、start_time2、end_time1、end_time2 这 4 个时间点为依据计算热门话题爆发的时间间隔分布。结果表明，依据 start_time1、end_time2 这 2 个时间点，热门话题爆发的时间间隔分布具有肥尾效应，但不能利用幂函数进行拟合，而依据 start_time2、end_time1 这 2 个时间点，热门话题爆发的时间间隔分布能够利用幂函数较好拟合（图 3.12）。由图 3.12 可知，以 start_time2 时间点为依据，热门话题爆发的时间间隔概率分布服从幂指数为 1.0048 的幂律分布，阵发性 $B = 0.62$，记忆性 $M = 0.62$；以 end_time1 时间点为依据，热门话题爆发的时间间隔概率分布服从幂指数为 0.8232 的幂律分布，阵发性 $B = 0.64$，记忆性 $M = 0.57$。

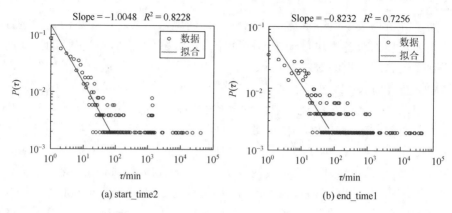

图 3.12　双对数坐标下热门话题爆发的时间间隔分布（娱乐八卦板块）

进一步以 9 个板块为研究对象，分别以 start_time1、start_time2、end_time1、end_time2 这 4 个时间点为依据计算热门话题爆发的时间间隔分布。与娱乐八卦板块的分析结果相似，依据 start_time1、end_time2 这 2 个时间点，热门话题爆发的时间间隔分布具有胖尾效应，但不能利用幂函数进行拟合，而依据 start_time2、end_time1 这 2 个时间点，热门话题爆发的时间间隔分布能够利用幂函数较好拟合。由图 3.13 可知，以 start_time2 时间点为依据，热门话题爆发的时间间隔概率分布服从幂指数为 1.0887 的幂律分布，阵发性 $B = 0.62$，记忆性 $M = 0.50$；以 end_time1 时间点为依据，热门话题爆发的时间间隔概率分布服从幂指数为 0.7870 的幂律分布，阵发性 $B = 0.61$，记忆性 $M = 0.36$。

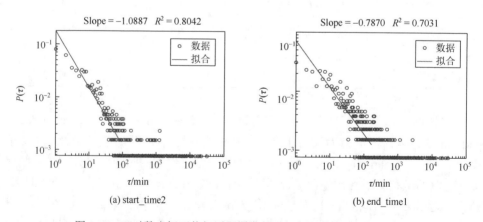

图 3.13　双对数坐标下热门话题爆发的时间间隔分布（9 个板块）

基于以上分析，以热门话题来表征在线社区群体回帖行为涌现，同样可以得到幂律分布的重要结论，而且表现出强阵发性和强记忆性。

第4章　单点模式下社交网络信息发布行为研究

单点模式是从个体层面、单一行为主体视角观察社交网络信息交流行为。用户角色的不同便决定了其在单点模式中信息交流行为的差异性。本章主要考察个体层面单点模式下，用户作为信息传递者，其信息发布行为实证统计规律，以此为依据揭示信息发布行为规律的内在生成机制，并探索相应的人类动力学模型。

4.1　单点模式下社交网络信息发布行为实证分析

4.1.1　基于数据集 B 的实证分析——普通用户

1. 数据采集

数据集 B 是本书研究的核心数据集，是采用滚雪球抽样方法采集得到的新浪微博社交网络中 437 位普通用户在 2017 年 1 月 1 日至 2017 年 6 月 30 日之间所发布的共计 209531 条微博数据。在分析过程中，主要利用用户 ID、微博 ID、微博信息发布时间、评论数、转发数、点赞数等信息，具体数据格式如表 4.1 所示。

表 4.1　实证数据的数据格式

用户 ID	微博 ID	微博信息发布时间	评论数	转发数	点赞数
uid1	mid1	2017/1/1 7:49	4	5	48
uid1	mid2	2017/1/1 8:13	6	0	10
⋮	⋮	⋮	⋮	⋮	⋮
uid2	mid1	2017/1/1 8:48	0	2	0
⋮	⋮	⋮	⋮	⋮	⋮

2. 统计结果分析

1）时间间隔

时间间隔是指用户连续两次发布微博信息所经过的时间，即上一次发布微博信息到本次发布微博信息所经过的时间，时间单位为 min。从已获取的数据中抽取微博信息发布数量排名前 150 名普通用户作为分析样本，利用 MATLAB 工具进行统计分析。这 150 名普通用户 6 个月共计发布了 178470 条微博信息,占据了样本总数的 85.18%。结果显示,150 位普通用户微博信息发布行为的时间间隔分布基本都具有肥尾效应,其中有 130 位普通用户很好地满足幂律分布。图 4.1 描述了 130 位普通用户微博信息发布行为时间间隔分布的幂指数,大部分幂指数集中在 1~1.5,均值约为 1.305。

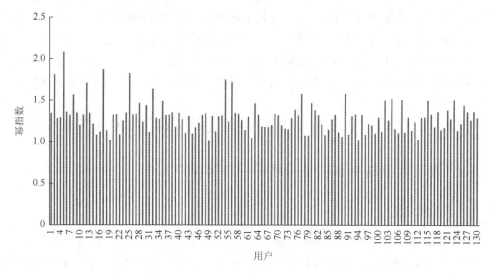

图 4.1　130 位普通用户微博信息发布行为时间间隔分布的幂指数

　　图 4.2 为双对数坐标下随机选择的 8 位普通用户微博信息发布行为时间间隔分布图。其中:第 3 位用户的幂指数为 1.2861,拟合度 $R^2 = 0.91907$;第 11 位用户的幂指数为 1.3312,拟合度 $R^2 = 0.91043$;第 24 位用户的幂指数为 1.3531,拟合度 $R^2 = 0.8496$;第 33 位用户的幂指数为 1.2901,拟合度 $R^2 = 0.8997$;第 40 位

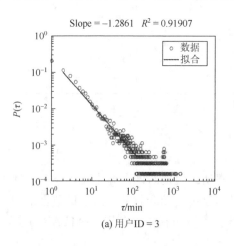

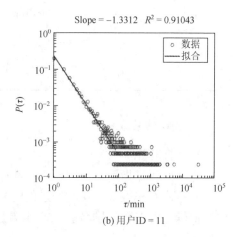

(a) 用户ID = 3　　　　　　　　　　　　(b) 用户ID = 11

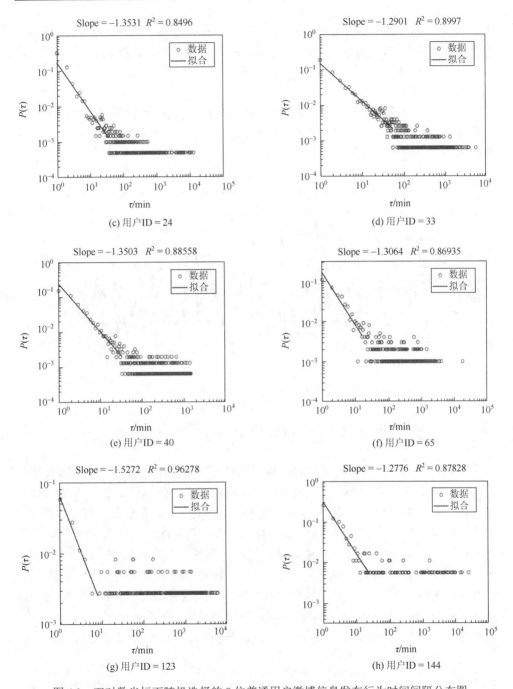

图 4.2　双对数坐标下随机选择的 8 位普通用户微博信息发布行为时间间隔分布图

用户的幂指数为 1.3503，拟合度 $R^2 = 0.88558$；第 65 位用户的幂指数为 1.3064，拟合度 $R^2 = 0.86935$；第 123 位用户的幂指数为 1.5272，拟合度 $R^2 = 0.96278$；第 144 位用户的幂指数为 1.2776，拟合度为 $R^2 = 0.87828$。

2）阵发性

图 4.3 描述了 130 位普通用户微博信息发布行为的阵发性分析结果，所有值均大于 0，主要集中在 0.4～0.5 附近，均值为 0.4054，表明普通用户微博信息发布行为具有一定的阵发性。

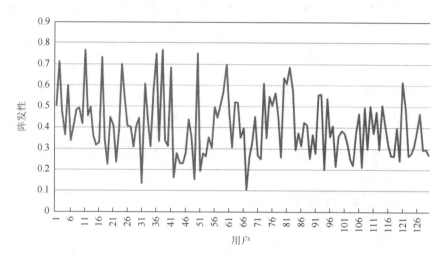

图 4.3　130 位普通用户微博信息发布行为的阵发性分析结果

图 4.4 是用户 A 和用户 B 的微博信息发布时间序列图。其中，横坐标代表的是时间，纵坐标上每一条竖线代表了该时间点发布了一条微博信息。从两幅图可以看出，用户 A 和用户 B 的微博信息发布都很不均匀，具有明显的阵发性现象。其中：图 4.4（a）中每一条竖线表示用户 A 在一天中该时刻发布的一条微博信息，从竖线的位置看出用户 A 微博信息发布行为的活跃时间段在 21:00～01:00；图 4.4（b）中每一条竖线表示用户 B 在一天中该时刻发布的一条微博信息，从竖线的位置可以看出用户 B 微博信息发布行为的活跃时间段主要在 11:00～14:00 及 19:00～21:00、22:00～23:00；两位用户微博信息发布行为的活跃时间一般都集中在晚上睡前一段时间，在一定程度上反映了用户 A 和用户 B 利用工作之余的碎片时间发布微博信息的特征。

3）记忆性

图 4.5 描述了 130 位普通用户微博信息发布行为的记忆性分析结果，绝大多数用户的记忆性为正值，极个别用户的记忆性为负值，主要集中在 0～0.1 附近，均值为 0.0395，整体上表现为弱记忆性。

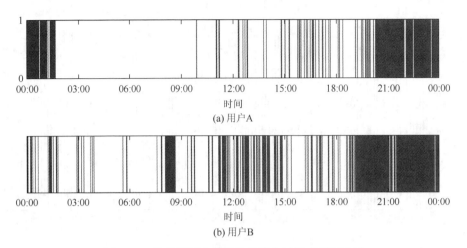

图 4.4　2 位普通用户微博信息发布时间序列图示例

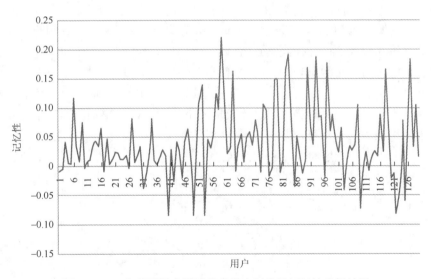

图 4.5　130 位普通用户微博信息发布行为的记忆性分析结果

4）周期性

图 4.6 展示了 130 位普通用户在 2017 年 1 月 1 日至 6 月 30 日发布微博信息的天数占比，大部分用户发布微博信息的天数占比都在 80%~100%，均值为 91%，反映了这些用户基本上每天都会发布微博信息，即以天为循环周期重复发生微博信息发布行为。

5）波动性

首先，将每个普通用户的数据按照星期一到星期日进行区分统计，其次分别统计出每个普通用户在一天 24 个时间单元内发布微博信息的数量情况，然后进行

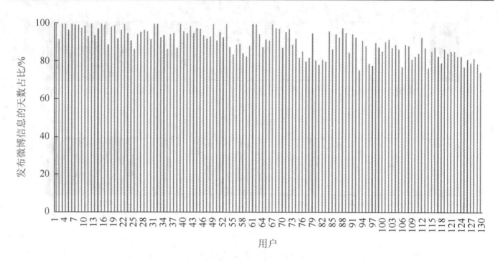

图 4.6　130 位普通用户发布微博信息的天数占比

叠加，结果如图 4.7 所示。由图 4.7 可知，从星期一到星期日，普通用户发布微博信息的数量在一天 24 h 内的波动性总体趋于一致。其中：从凌晨 0~6 时，普通用户发布的微博信息数量较少，并呈递减趋势；6~12 时，微博信息发布行为数量呈波动递增趋势，并在中午 11~12 时达到高峰；12~18 时，微博信息发布行为数量基本呈波动递减趋势，但总体数量还是较高；18~22 时，微博信息发布行为数量呈小幅度上升趋势，并在 22~23 时达到另一个高峰，随后逐步下降。

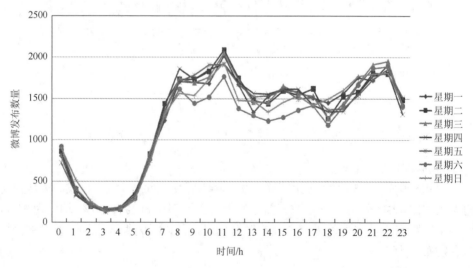

（扫一扫　看彩图）

图 4.7　普通用户微博信息发布行为的波动性分析结果

3. 引入内部影响因素的实证统计分析

在分析了微博信息发布行为的基本特性后，此部分将尝试探索普通用户的内部因素对微博信息发布行为的影响。考虑到数据集 B 的基本数据格式，此部分主要基于活跃度进行分组对比分析。将 130 位普通用户按照活跃度从低到高排序，分为 5 组，每组约 26 位，并计算出每组普通用户的微博信息发布行为时间间隔分布的幂指数均值，具体如表 4.2 所示。

表 4.2　基于活跃度的分组结果

组号	用户数	活跃度均值	幂指数均值
1	26	1.0	1.257
2	26	2.2	1.268
3	26	4.8	1.281
4	26	8.2	1.317
5	26	16.8	1.378

图 4.8 为活跃度均值与幂指数均值之间的关系图，两者的相关系数为 0.9973，呈现出显著的正相关关系。

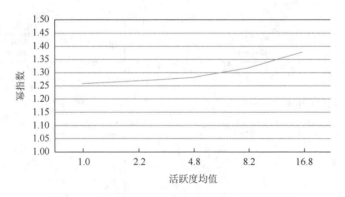

图 4.8　活跃度均值与幂指数均值之间的关系图

4. 引入外部影响因素的实证统计分析

微博社交网络是典型的信息互动平台，用户发布微博信息后，往往会激发其他用户的信息反馈行为，包括信息评论行为、信息转发行为、信息点赞行为等。此部分主要从信息反馈行为视角，探索信息评论行为、信息转发行为、信息点赞行为外部因素对微博信息发布行为的影响。

1）基于信息评论数据的分组对比分析

首先，将原始数据按照微博信息发布时间先后顺序排序，具有评论（且无转发点赞）的数据及其由同一用户发布的下一条相邻数据，组成第一组数据集；将无评论（且无转发点赞）的数据及其由同一用户发布的下一条相邻数据，组成第二组数据集。

其次，将两组数据集中相邻两条数据的发布时间相减，即得到不同情形下微博信息发布行为的时间间隔。

图 4.9 描述了双对数坐标下随机选择的 5 位普通用户有无评论的微博信息发布行为时间间隔分布图。两种情形下的时间间隔分布均服从幂律分布，且具有显著的肥尾效应。对比两组结果发现，相较于无评论的情形，有评论的情形下幂指数相对较大，从而表明其他用户的信息评论行为对普通用户微博信息发布行为具有积极的促进作用。

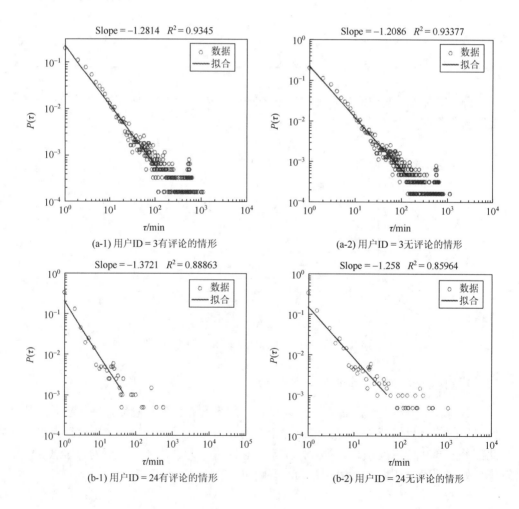

(a-1) 用户ID＝3有评论的情形　　　　　　(a-2) 用户ID＝3无评论的情形

(b-1) 用户ID＝24有评论的情形　　　　　　(b-2) 用户ID＝24无评论的情形

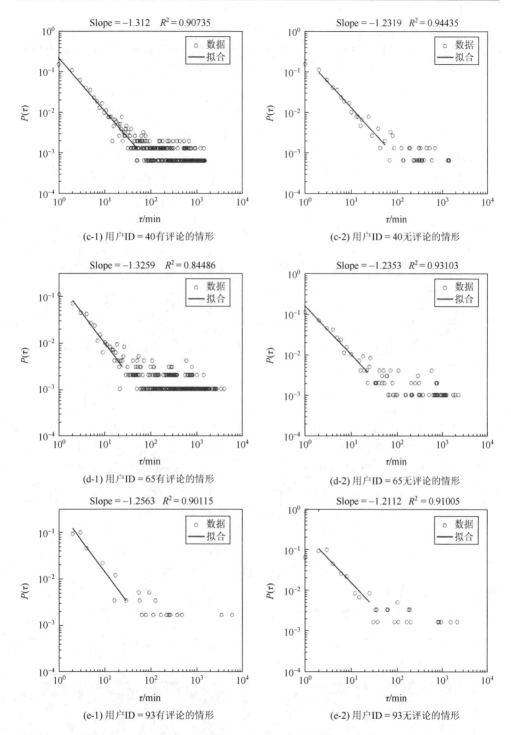

图 4.9　双对数坐标下随机选择的 5 位普通用户有无评论的微博信息发布行为时间间隔分布图

2）基于信息转发数据的分组对比分析

首先，按照相似的方法将原始数据集分成两组，即可得到具有转发与无转发两种情形（且无评论点赞）的数据集。其次，分别将两组数据集中的相邻两条信息的发布时间相减，即得到不同情形下微博信息发布行为的时间间隔。

图 4.10 描述了双对数坐标下随机选择的 5 位普通用户有无转发的微博信息发布行为时间间隔分布图。两种情形下的时间间隔分布均服从幂律分布，且具有显著的肥尾效应。对比两组情形发现，相较于无转发的情形，有转发的情形下幂指数相对较大，表明其他用户的信息转发行为对普通用户微博信息发布行为具有积极的促进作用。

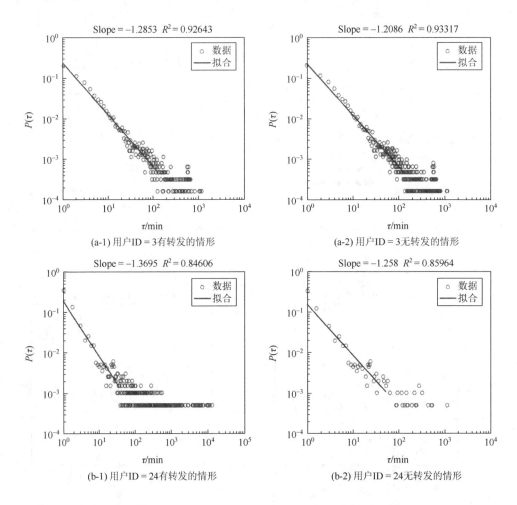

(a-1) 用户 ID = 3 有转发的情形　　　　　　(a-2) 用户 ID = 3 无转发的情形

(b-1) 用户 ID = 24 有转发的情形　　　　　　(b-2) 用户 ID = 24 无转发的情形

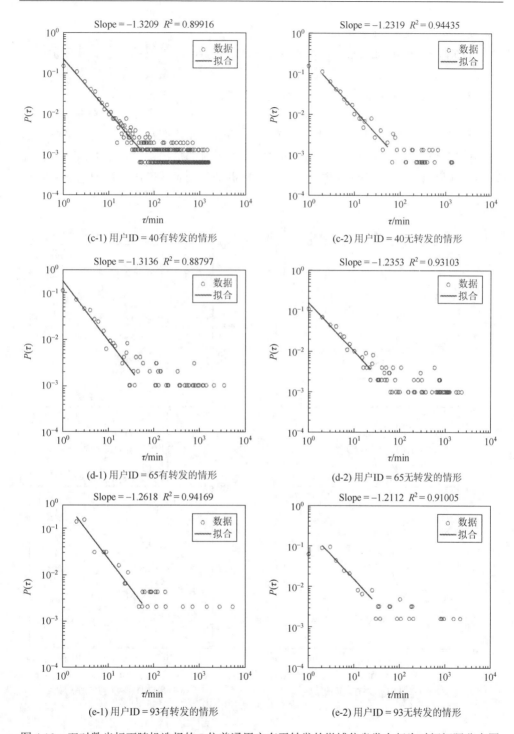

图 4.10 双对数坐标下随机选择的 5 位普通用户有无转发的微博信息发布行为时间间隔分布图

3）基于信息点赞数据的分组对比分析

首先，按照相似的方法将原始数据集分成两组，即可得到具有点赞与无点赞两种情形（且无评论转发）的数据集。其次，分别将两组数据集中的相邻两条信息的发布时间相减，即得到不同情形下微博信息发布行为的时间间隔。

图 4.11 描述了双对数坐标下随机选择的 5 位普通用户有无点赞的微博信息发布行为时间间隔分布图。两种情形下的时间间隔分布均服从幂律分布，且具有显著的肥尾效应。对比两组情形发现，相较于无点赞的情形，有点赞的情形下，其幂指数相对较大，从而表明其他用户的信息点赞行为对普通用户微博信息发布行为具有积极的促进作用。

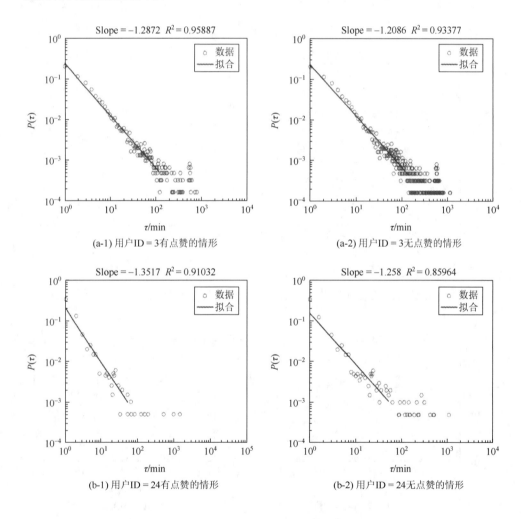

(a-1) 用户ID = 3有点赞的情形 　　　　(a-2) 用户ID = 3无点赞的情形

(b-1) 用户ID = 24有点赞的情形 　　　　(b-2) 用户ID = 24无点赞的情形

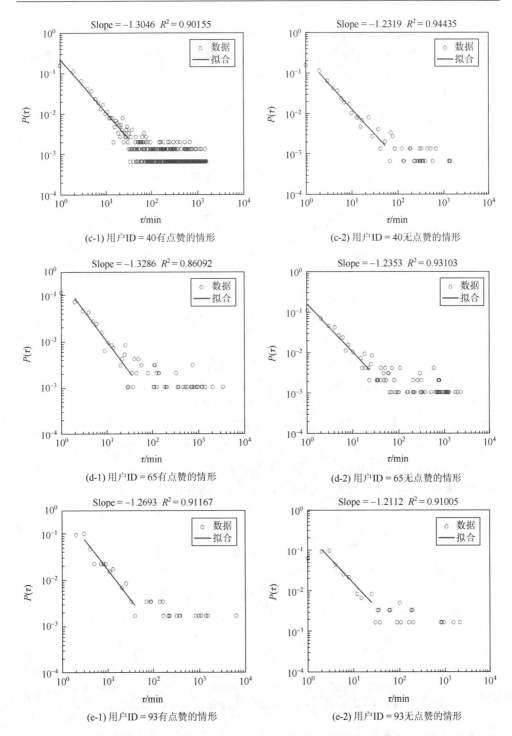

图 4.11　双对数坐标下随机选择的 5 位普通用户有无点赞的微博信息发布行为时间间隔分布图

4）基于信息反馈数据的综合对比分析

通过对有无评论、转发及点赞数据进行分组对比分析，可以看出外部驱动因素——信息反馈，会促进用户更加活跃地发布微博信息，从而减小了微博信息发布行为的时间间隔。同时，也可以看出其他用户的评论或转发与其他用户的点赞，对普通用户微博信息发布行为时间间隔分布的影响差异不明显，具体如表 4.3 所示。

表 4.3   不同信息反馈行为类型的幂指数对比

用户 ID	具有评论的幂指数	具有转发的幂指数	具有点赞的幂指数
3	1.2814	1.2583	1.2872
24	1.3721	1.3695	1.3517
40	1.3121	1.3209	1.3046
65	1.3259	1.3136	1.3286
93	1.2563	1.2618	1.2693

此部分将不区分信息反馈行为的类型，按照上述类似的方法，探索有无信息反馈对普通用户微博信息发布行为时间间隔分布的影响。图 4.12 描述了双对数坐标下随机选择的 5 位普通用户有无信息反馈的微博信息发布行为时间间隔分布图。同样可以发现，有信息反馈与无信息反馈的两种情形，在时间间隔特性上均服从幂律分布，且肥尾效应显著。两两对比发现，相较于无信息反馈情形，有信息反馈情形的时间间隔概率分布的幂指数都相对较大，从而表明其他用户的信息反馈行为对用户微博信息发布行为具有积极的促进作用。

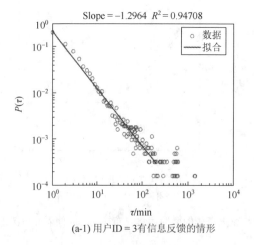

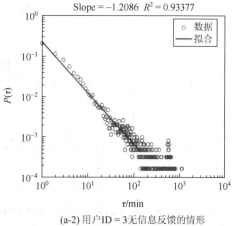

(a-1) 用户ID = 3有信息反馈的情形   (a-2) 用户ID = 3无信息反馈的情形

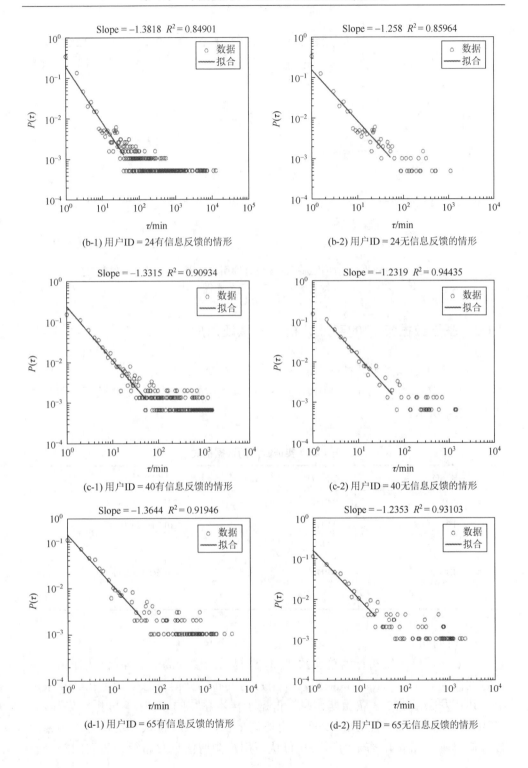

(b-1) 用户ID = 24有信息反馈的情形　　　　　　(b-2) 用户ID = 24无信息反馈的情形

(c-1) 用户ID = 40有信息反馈的情形　　　　　　(c-2) 用户ID = 40无信息反馈的情形

(d-1) 用户ID = 65有信息反馈的情形　　　　　　(d-2) 用户ID = 65无信息反馈的情形

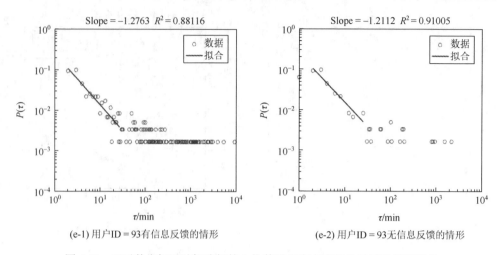

(e-1) 用户ID = 93有信息反馈的情形　　　　　　(e-2) 用户ID = 93无信息反馈的情形

图 4.12　双对数坐标下随机选择的 5 位普通用户有无信息反馈的微博信息
发布行为时间间隔分布图

4.1.2　基于数据集 C 的实证分析——认证用户

数据集 C 是以滚雪球抽样方法从新浪微博社交网络中采集得到的 372 位时政类认证用户在 2015 年 1 月 1 日至 3 月 31 日所发布的 39528 条微博数据，具体格式如表 4.4 所示。

表 4.4　实证数据的数据格式

用户 ID	微博 ID	发布时间
ID1	MID1	2015/1/1 16:33:58
ID1	MID2	2015/1/1 22:19:09
⋮	⋮	⋮
ID2	MIDn	2015/1/1 6:21:06
⋮	⋮	⋮

1）时间间隔

按照微博信息发布行为总次数排序，选择活跃度较高的前 40 位认证用户进行时间间隔分析。这 40 位认证用户 3 个月内发布的微博信息数量都在 250 条以上，共计发布了 17273 条微博信息，占据了样本总数的 43.7%。分析结果显示，有 36 位认证用户的时间间隔分布具有肥尾效应，有 30 位认证用户可以用幂函数近似刻画。图 4.13 统计了这 30 位认证用户微博信息发布行为时间间隔分布的幂指数，大部分在 1 附近，均值是 1.1583，标准差为 0.2888。与图 4.1 描述的 2017 年 130 位用户微博信息发布行为时间间隔分布的幂指数相比较，可以发现：随着时间的推移，用户微博信息发布行为时间间隔分布的幂指数有增加的趋势。

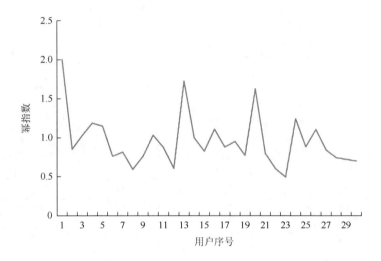

图 4.13　30 位认证用户微博信息发布行为时间间隔分布的幂指数

图 4.14 描述了双对数坐标下随机选择的 8 位认证用户的微博信息发布行为时间间隔分布图，具体如表 4.5 所示。

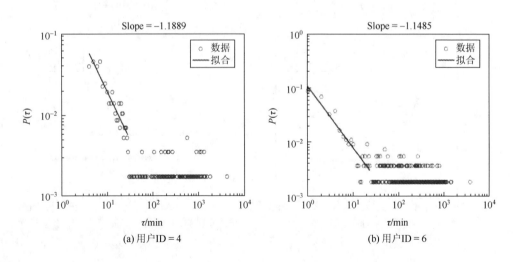

(a) 用户 ID = 4　　　　　　　　　　(b) 用户 ID = 6

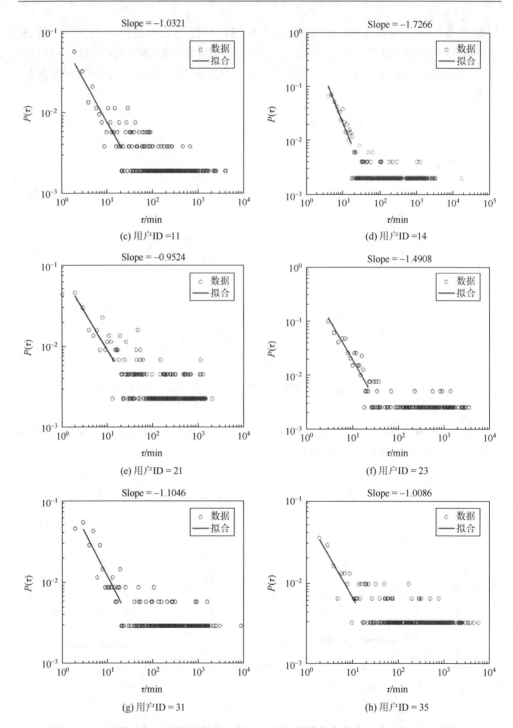

图4.14　双对数坐标下随机选择的8位认证用户微博信息发布行为时间间隔分布图

表 4.5 随机选择的 8 位认证用户微博信息发布行为时间间隔分布幂指数与 R^2

用户 ID	幂指数	R^2
4	1.1889	0.9208
6	1.1485	0.8221
11	1.0321	0.8908
14	1.7266	0.8109
21	0.9524	0.8546
23	1.4908	0.9399
31	1.1046	0.8838
35	1.0086	0.8195

2）阵发性分析

图 4.15 描述了上述 30 位认证用户的阵发性分析结果。可以发现，所有的阵发性值都大于 0，并且主要集中在 0.3 附近，表明绝大部分认证用户都属于弱阵发性，除了极少数认证用户（如阵发性值为 0.7 的认证用户，其微博信息发布行为具有强阵发性）。与图 4.3 描述的 2017 年 130 位用户微博信息发布行为的阵发性结果相比较，可以发现：随着时间的推移，用户微博信息发布行为的阵发性有增加趋势。

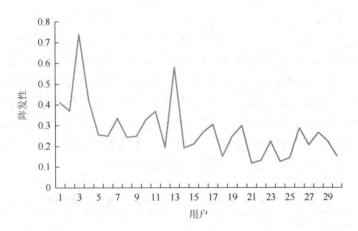

图 4.15 30 位认证用户微博信息发布行为的阵发性分析结果

3）记忆性

图 4.16 描述了上述 30 位认证用户的记忆性分析结果。大部分认证用户的记忆性值都大于 0，少部分认证用户的记忆性值为负值，整体上表现为弱记忆性，与图 4.5 描述的 2017 年 130 位用户的记忆性分析结果基本一致。

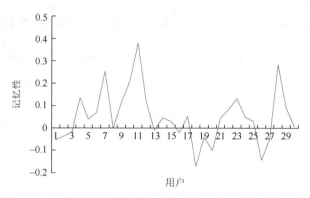

图 4.16　30 位认证用户微博信息发布行为的记忆性分析结果

4）周期性

首先，选择活跃度较高的 40 位认证用户进行周期性分析。具体而言，周期性分析需要统计不同尺度的单位时间内用户微博信息发布行为的频次。如果存在特定尺度的单位时间内某一行为发生的频次均大于零，那么该单位时间便是某一行为重复发生的一个循环周期。当然，如果存在多个尺度下的单位时间都满足条件，那么选择最小尺度的单位时间作为某一行为重复发生的循环周期。经过统计，40 位认证用户在 3 个月内共计发布了 17273 条微博，平均每天发布 4.8 条微博，每周发布 33.59 条微博，初步判断可以以天为单位时间来探寻周期性。对于 40 位认证用户而言，如果以天为单位时间的活跃度大于 1，那么就意味着 3 个月 90 天的 3600 个单位时间对应的活跃度都大于 1。经过统计，3600 个单位时间中活跃度大于 1 的单位时间有 3414 个，概率为 94.84%，具体数据如表 4.6 所示。由此，可以认为，这 40 位认证用户基本上是以天为周期不断重复微博信息发布行为。其次，按照类似的方法，针对活跃度较低的其他认证用户进行周期性分析，可以发现他们是以周为周期不断重复微博信息发布行为。最后，与图 4.6 展示的 130 位用户的周期性分析结果相比较，可以发现，随着时间的推移，用户微博信息行为活跃度不断提高，从而缩短了循环周期。

表 4.6　40 位认证用户 3 个月内未发微博的天数统计

未发微博的天数	人数
0	9
1	3
2	10
3	3
5	1
6	4

续表

未发微博的天数	人数
7	1
8	1
10	4
12	1
15	1
19	1
24	1

5）波动性

任意选取某一周，首先将数据集 C 按工作日、星期六、星期日分类，然后累加 372 位认证用户在每个时间段的微博发布数量。其中，工作日的相关数据需要利用 5 个工作日的平均值来表示。图 4.17 描述了波动性分析结果。可以发现，工作日、星期六与星期日三者的变化趋势基本相似：0～6 时，微博信息发布行为数量较少，并呈递减趋势；6～10 时，微博信息发布行为数量呈递增趋势，并在 10 时达到第 1 个峰值；10～19 时，微博信息发布行为数量基本呈递减趋势，但总体数量还是很高；19～22 时，微博信息发布行为数量呈小幅度上升趋势，并在 22 时达到第 2 个峰值，随后逐步下降。

需要指出的是，图 4.17 揭示的认证用户微博信息发布行为的波动性与图 4.7 揭示的普通用户的微博信息发布行为波动性有所不同，主要表现在两个峰值的时间区间不一样。事实上，图 4.7 的结果，与国内部分学者的分析结果是一致的：

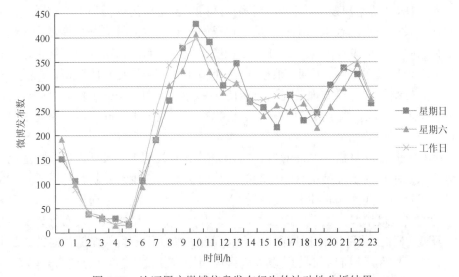

（扫一扫　看彩图）

图 4.17　认证用户微博信息发布行为的波动性分析结果

普通用户的微博信息发布行为在 11 时达到第一个峰值，在 23 时达到第二个峰值（易兰丽，2012）。显然，图 4.17 描述的结果表明认证用户对应的两个峰值均提前了 1 h。

4.2　兴趣驱动的普通用户社交网络信息发布行为动力学模型

依据人类动力学的研究范式，通过实证分析发现了人类行为的相关规律后，还需要在揭示人类行为规律生成机制的基础上，构建动力学模型来定量地描述人类行为，进而再现人类行为规律。需要指出的是，人类动力学中最为重要的人类行为特征就是时间间隔幂律分布规律，正是这个规律才成就了人类动力学在复杂性科学领域的重要地位。所以，相应的生成机制和动力学模型主要围绕时间间隔幂律分布规律的解释与实现而展开。此部分将以图 4.1 描述的 130 位普通用户为研究对象，依据 4.1.1 小节的实证分析结果，探索基于兴趣驱动的普通用户微博信息发布行为动力学模型。

4.2.1　生成机制分析

微博作为主流的社交网络平台之一，为用户提供了一个随时随地记录、表达和交流的平台。广大用户在使用微博的过程中，也使得信息的发布、共享和传播的过程融为一体，逐步形成了去中心化的、基于个人兴趣的社会关系网络。作为国内规模最大、影响力最大的微博类社交网络，新浪微博于 2019 年 3 月 15 日发布了《2018 微博用户发展报告》，明确将微博平台定位为中国最大的实时信息网络和社交兴趣网络，致力于不断满足用户泛娱乐、泛生活等多种兴趣需求（新浪微博数据中心，2019）。无疑，这在一定程度上反映了新浪微博社交网络中用户行为具有娱乐与兴趣倾向。同时，根据 4.1.1 小节 130 位普通用户的微博信息发布行为实证分析结果，可以发现普通用户微博信息发布行为多是在工作之余的碎片时间（午餐休息时间、晚上睡前时间），从而也在一定程度上反映了用户微博信息发布行为与工作任务无关。

因此，此部分将借鉴 Shang 等（2010）提出的兴趣驱动模型，假设普通用户微博信息发布行为主要是由兴趣驱动的，从而认为兴趣驱动是解释普通用户微博信息发布行为时间间隔幂律分布规律的主导机制。初始时，普通用户微博信息发布行为的兴趣最浓厚，随着时间推移，兴趣开始降低，微博信息发布行为概率也随之降低。同时，根据 4.1.1 小节实证分析结果，普通用户发布微博信息的兴趣具有较强的周期性，他们基本上是以天为循环周期重复发生微博信息发布行为。由此，经过一天的兴趣衰减后，第二天微博信息发布行为的兴趣又会重回初始状态。

此外，根据 4.1.1 小节实证分析结果，普通用户微博信息发布行为时间间隔分布的幂指数大小与内部因素（如活跃度）和外部因素（如获得的评论、转发或点赞等信息反馈）密切相关，由此假设普通用户微博信息发布行为的兴趣衰减也会受到内部因素和外部因素的调节。具体假设如下。

（1）内部因素：活跃度是影响微博信息发布行为的重要内部因素，不同的用户自身具有不同的活跃程度，活跃度较高的用户发布微博信息的兴趣衰减较慢。

（2）外部因素：用户发布微博信息获得的评论、转发或点赞等信息反馈，会调节用户发布微博信息的兴趣衰减，获得的信息反馈越多，用户发布微博信息的兴趣衰减越慢。

4.2.2　模型规则描述

按照以上生成机制，在借鉴已有人类动力学模型的基础上，可以构建内外部因素影响下兴趣驱动的普通用户微博信息发布行为模型，具体描述如下：

（1）假定普通用户发布微博信息的时间是离散的，时间步长的最小单位为 1 min，普通用户发布微博信息的兴趣为 $f(\Delta t)$，可以用其在时间步 Δt 时发布微博信息的概率 $p(\Delta t)$ 表示，其中 p 表示概率值。

（2）假定在每个循环周期 T 内，普通用户在初始时刻发布微博信息的兴趣为 1，随着时间的推移，兴趣不断减弱，衰减函数为 $\dfrac{1}{1+\theta\Delta t}$（Shang et al.，2010），$\theta$ 表示兴趣的自然衰减程度，$\theta > 0$。

根据上述假设，在 $t=0$ 时刻普通用户发生了微博信息发布行为，在第 Δt 时间步微博信息发布行为的概率如式（4.1）所示：

$$P(\Delta t=t)=\frac{1}{1+\theta t}\prod_{\Delta t=1}^{t-1}\left(1-\frac{1}{1+\theta\Delta t}\right)=\frac{1}{\theta}\mathrm{B}\left(t,1+\frac{1}{\theta}\right)\sim\frac{1}{\theta}t^{-\left(1+\frac{1}{\theta}\right)} \quad (4.1)$$

式中，B 代表 B 函数。此时，用户微博信息发布行为的时间间隔分布服从参数为 $\gamma=1+\dfrac{1}{\theta}$ 的幂律分布。

（3）设定 α、β 分别是内部因素（活跃度）和外部因素（信息反馈）对兴趣衰减程度的影响参数，对应的影响权重分别为 γ，λ，由此兴趣衰减函数变为 $\dfrac{\dfrac{1}{1+\theta\Delta t}}{1+\gamma\alpha+\lambda\beta}$，即 $\dfrac{1+\gamma\alpha+\lambda\beta}{1+\gamma\alpha+\lambda\beta+\theta\Delta t}$，其中，$0\leqslant\alpha\leqslant 1$，$0\leqslant\beta\leqslant 1$，$\gamma\geqslant 0$，$\lambda\geqslant 0$，$\gamma+\lambda=1$。

如果考虑内外因素对兴趣衰减函数的影响，在 $t=0$ 时刻普通用户发生了微博信息发布行为，那么在第 Δt 时间步微博信息发布行为的概率如式（4.2）所示：

$$
\begin{aligned}
P(\Delta t = \tau) &= \frac{1+\gamma\alpha+\lambda\beta}{1+\gamma\alpha+\lambda\beta+\theta\tau}\prod_{\Delta t=1}^{\tau-1}\left(1-\frac{1+\gamma\alpha+\lambda\beta}{1+\gamma\alpha+\lambda\beta+\theta\Delta t}\right) \\
&= \frac{1+\gamma\alpha+\lambda\beta}{1+\gamma\alpha+\lambda\beta+\theta\tau}\left(1-\frac{1+\gamma\alpha+\lambda\beta}{1+\gamma\alpha+\lambda\beta+\theta}\right)\cdots\left(1-\frac{1+\gamma\alpha+\lambda\beta}{1+\gamma\alpha+\lambda\beta+\theta(\tau-1)}\right) \\
&= \frac{1+\gamma\alpha+\lambda\beta}{1+\gamma\alpha+\lambda\beta+\theta\tau}\frac{\theta}{1+\gamma\alpha+\lambda\beta+\theta}\cdots\frac{\theta(\tau-1)}{1+\gamma\alpha+\lambda\beta+\theta(\tau-1)} \\
&= \frac{\dfrac{1+\gamma\alpha+\lambda\beta}{\theta}}{\dfrac{1+\gamma\alpha+\lambda\beta}{\theta}+\tau}\frac{1}{\dfrac{1+\gamma\alpha+\lambda\beta}{\theta}+1}\cdots\frac{(\tau-1)}{\dfrac{1+\gamma\alpha+\lambda\beta}{\theta}+(\tau-1)} \\
&= \frac{\dfrac{1+\gamma\alpha+\lambda\beta}{\theta}(\tau-1)!}{\left(\dfrac{1+\gamma\alpha+\lambda\beta}{\theta}+\tau\right)!} = \frac{\dfrac{1+\gamma\alpha+\lambda\beta}{\theta}(\tau-1)!\dfrac{1+\gamma\alpha+\lambda\beta}{\theta}!}{\left(\dfrac{1+\gamma\alpha+\lambda\beta}{\theta}+\tau\right)!}
\end{aligned}
\quad (4.2)
$$

$$
\frac{1+\gamma\alpha+\lambda\beta}{\theta}!
$$

由伽马函数的性质可将式（4.2）变换为

$$
P(\Delta t = \tau) = \frac{\dfrac{1+\gamma\alpha+\lambda\beta}{\theta}\Gamma\left(\dfrac{1+\gamma\alpha+\lambda\beta}{\theta}+1\right)\Gamma(\tau)}{\Gamma\left(\dfrac{1+\gamma\alpha+\lambda\beta}{\theta}+\tau+1\right)} \quad (4.3)
$$

再由贝塔函数与伽马函数的转换关系 $B(M,N)=\dfrac{\Gamma(M)\Gamma(N)}{\Gamma(M+N)}$，对式（4.3）进一步整理可得

$$
P(\Delta t = \tau) = \frac{1+\gamma\alpha+\lambda\beta}{\theta}B\left(\tau,1+\frac{1+\gamma\alpha+\lambda\beta}{\theta}\right)\sim\frac{1+\gamma\alpha+\lambda\beta}{\theta}\tau^{-\left(1+\frac{1+\gamma\alpha+\lambda\beta}{\theta}\right)} \quad (4.4)
$$

当考虑周期性时，即当 $\Delta t = T$ 时，普通用户发布微博信息的兴趣重新回到最大值 1，此时时间间隔最大为 T 发布微博信息的概率如式（4.5）所示：

$$
P(\Delta t = T) = \frac{1+\gamma\alpha+\lambda\beta}{\theta}B\left(T,1+\frac{1+\gamma\alpha+\lambda\beta}{\theta}\right)\sim\frac{1+\gamma\alpha+\lambda\beta}{\theta}T^{-\left(1+\frac{1+\gamma\alpha+\lambda\beta}{\theta}\right)} \quad (4.5)
$$

通过以上推导过程，可以发现普通用户微博信息发布行为时间间隔分布服从幂指数为 $1+\dfrac{1+\gamma\alpha+\lambda\beta}{\theta}$ 的幂律分布。由于 θ、α、β 均是正值，所以幂指数大于 1，而且 θ 越大，幂指数越小，α、β 越大，幂指数越大。

4.2.3 模型仿真与验证

1. 参数分析

按照以上模型规则，利用 MATLAB 工具对兴趣驱动的普通用户微博信息发布行为进行仿真，相关参数分析主要依据 4.1.1 小节图 4.1 描述的 130 位普通用户的实际数据，具体如下：

（1）T 为微博信息发布行为周期。依据前述周期性分析，普通用户的微博信息发布行为基本上是以天为周期不断循环往复，由此设定 T 值为 1440 min。

（2）α 为普通用户的活跃度对兴趣衰减函数的影响参数。依据式（3.3）计算活跃度，并对 α 值进行归一化处理 $\left(\dfrac{\alpha_i - \alpha_{\min}}{\alpha_{\max} - \alpha_{\min}}\right)$，此时 $\alpha \in [0,1]$，使其不受量纲的影响。

（3）β 为普通用户获得的信息反馈对兴趣衰减函数的影响参数。假设普通用户在某一时间段内发布的微博总数为 M，获得的总的评论转发点赞数为 N，则信息反馈为 $\beta = \dfrac{N}{M}$，也就是普通用户在某一段时间内发布的微博信息获得信息反馈的平均水平。同样，需要对 β 值进行归一化处理 $\left(\dfrac{\beta_i - \beta_{\min}}{\beta_{\max} - \beta_{\min}}\right)$，此时 $\beta \in [0,1]$，使其不受量纲的影响。

（4）γ、λ 为活跃度、信息反馈的影响权重。当普通用户的活跃度较高时，其对兴趣衰减函数影响权重较大；当普通用户获得的信息反馈比较多时，其对兴趣衰减函数影响权重较大。其中，$\gamma \geqslant 0$，$\lambda \geqslant 0$，$\gamma + \lambda = 1$。γ 与 α 取值的关系如下：

$$\gamma = \begin{cases} \geqslant 0.5, & \alpha \geqslant 0.5 \\ < 0.5, & \alpha < 0.5 \end{cases}$$

（5）p 为普通用户获得信息反馈的概率。在现实当中，某一时间段内普通用户发布的微博信息总是以一定的概率获得其他用户的评论、转发或点赞，具体可以用某一时间段内普通用户获得的信息反馈的微博数与该时间段普通用户发布微博总数的比值来量化普通用户在该时间段内获得信息反馈的概率。

当普通用户发布的微博信息获得了其他用户的信息反馈时，第 Δt 时间步兴趣衰减函数为 $\dfrac{1 + \gamma\alpha + \lambda\beta}{1 + \gamma\alpha + \lambda\beta + \theta\Delta t}$；反之，当普通用户发布的微博信息没有获得其他用户的信息反馈时，第 Δt 时间步的兴趣函数衰减主要受活跃度的影响，此时兴趣衰减函数为 $\dfrac{1 + \gamma\alpha}{1 + \gamma\alpha + \theta\Delta t}$。

（6）θ 为兴趣的自然衰减程度。该值可以利用普通用户未获得信息反馈的情形下的时间间隔分布幂指数推导计算。

根据模型描述及参数分析，得到该模型仿真的主控流程图，如图 4.18 所示。

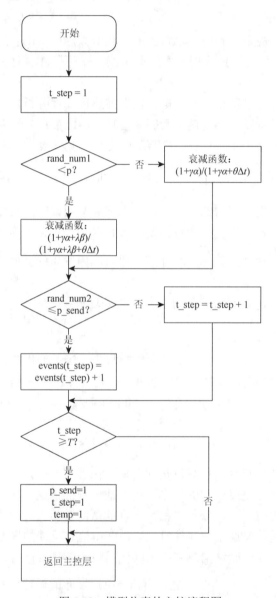

图 4.18　模型仿真的主控流程图

根据上述模型进行数值模拟仿真如下：周期 $T = 1440 \, \mathrm{min}$（时间步长为 $1 \, \mathrm{min}$），兴趣自然衰减程度 $\theta = 5$，普通用户获得信息反馈的概率 $p = 0.5$；当无信息反馈时，$\alpha = 0.6$，$\gamma = 0.5$，$\beta = 0$，$\lambda = 0.5$，此时数值模拟的幂指数为 1.2622（拟合度 $R^2 = 0.8958$）；当普通用户不仅受到自身活跃度影响，同时又受到信息反馈影响时，保持自身活跃度与其影响权重一致，$\alpha = 0.6$，$\gamma = 0.5$，$\beta = 0.5$，$\lambda = 0.5$，此时数值模拟的幂指数为 1.3358（拟合度 $R^2 = 0.8929$）。图 4.19 为双对数坐标下有无信息反馈情形的数值模拟结果。

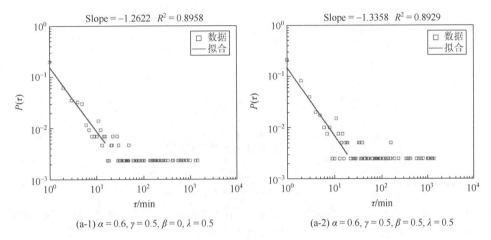

图 4.19　双对数坐标下有无信息反馈情形的数值模拟结果

在数值模拟中，当普通用户没有获得信息反馈，只受到自身活跃度影响时，固定兴趣自然衰减程度 $\theta = 5$，当活跃度影响参数 $\alpha = 0.1, 0.2, \cdots, 1.0$，影响权重 $\gamma = 1$ 时，仿真 α 值不同时的幂指数变化情况，发现幂指数与活跃度 α 大致呈同方向变化，基本具有正向关系，如图 4.20 所示。

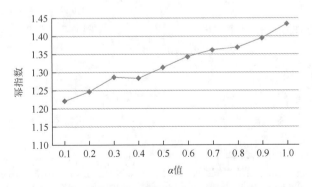

图 4.20　幂指数随 α 值的变化情况

在数值模拟中，固定兴趣自然衰减程度 $\theta = 5$，同时固定普通用户自身活跃度

及其影响权重即 $\alpha = 0.2$，$\gamma = 0.2$；当信息反馈影响参数 $\beta = 0.1, 0.2, \cdots, 1$，影响权重 $\lambda = 0.8$ 时，仿真 β 值不同时的幂指数变化情况，发现其幂指数与信息反馈程度 β 也大致呈现同方向变化，基本具有正向关系，如图 4.21 所示。

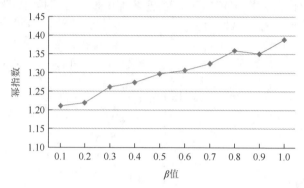

图 4.21　幂指数随 β 值的变化情况

2. 模型验证

为了进一步探究融入活跃度与信息反馈的兴趣驱动的微博普通用户信息发布行为动力学模型的适应性，需要利用实际数据进行验证。从图 4.1 描述的 130 位普通用户中随机抽取 6 位普通用户，结合其实际数据，分别计算出其相关参数，运用该模型进行仿真验证，实际数据结果与模型仿真结果（包括幂指数及其拟合度）如图 4.22 所示。

该模型仿真验证中，根据前述参数分析，设定循环周期为 180 次，其中活跃度影响参数 α 的影响权重 γ 与信息反馈影响参数 β 的影响权重 λ，依据每个普通用户 α、β 的实际值和多次仿真测试确定。从图 4.22 中可以看出，模型仿真结果

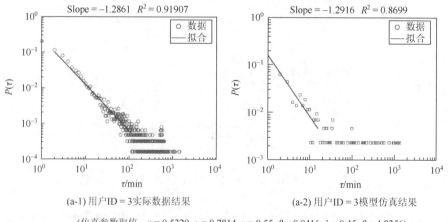

(a-1) 用户ID = 3实际数据结果　　　　(a-2) 用户ID = 3模型仿真结果

(仿真参数取值：$p = 0.5329$，$\alpha = 0.7814$，$\gamma = 0.55$，$\beta = 0.0416$，$\lambda = 0.45$，$\theta = 4.8356$)

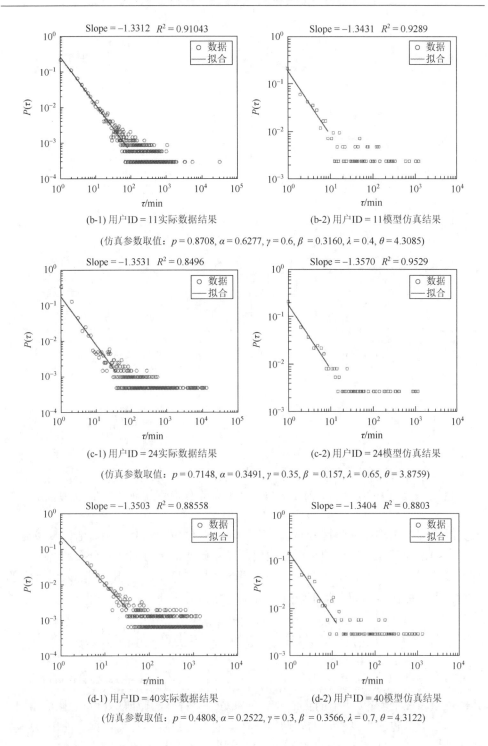

(b-1) 用户 ID = 11 实际数据结果　　　　　(b-2) 用户 ID = 11 模型仿真结果

(仿真参数取值：$p = 0.8708, \alpha = 0.6277, \gamma = 0.6, \beta = 0.3160, \lambda = 0.4, \theta = 4.3085$)

(c-1) 用户 ID = 24 实际数据结果　　　　　(c-2) 用户 ID = 24 模型仿真结果

(仿真参数取值：$p = 0.7148, \alpha = 0.3491, \gamma = 0.35, \beta = 0.157, \lambda = 0.65, \theta = 3.8759$)

(d-1) 用户 ID = 40 实际数据结果　　　　　(d-2) 用户 ID = 40 模型仿真结果

(仿真参数取值：$p = 0.4808, \alpha = 0.2522, \gamma = 0.3, \beta = 0.3566, \lambda = 0.7, \theta = 4.3122$)

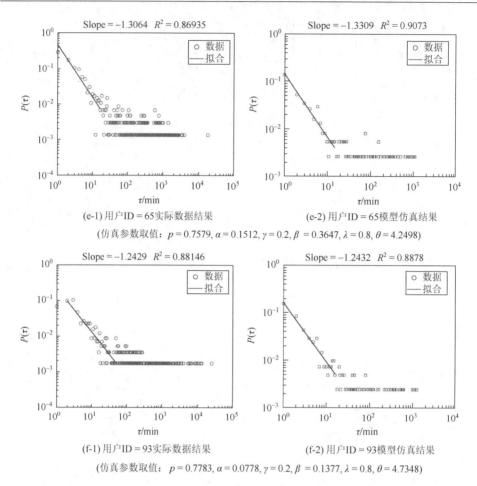

图 4.22　双对数坐标下随机选择的 6 位普通用户实际数据与仿真数据的时间间隔概率分布图

与实际数据结果均服从幂律分布，具有显著的肥尾效应，且幂指数值比较接近，从而表明该模型能够较好地再现普通用户发布微博信息时间间隔分布的特征。同时，该模型融入了内外部影响因素——活跃度与信息反馈，并分别加入了不同的影响权重，也使得该模型具有较好的可调节性和适应性。

4.3　任务驱动的认证用户社交网络信息发布行为动力学模型

相对于 4.1.1 小节的实证分析结果而言，4.1.2 小节的实证分析结果明显不同，其根本原因在于 4.1.2 小节的实证分析对象是一类特殊的微博用户——认证用户，使得 4.2 节构建的兴趣驱动的普通用户社交网络信息发布行为模型不能用于解释认证用户微博信息发布行为的统计规律。由此，本节将以图 4.16 描述的 30 位认证用户为研究对象,依据 4.1.2 小节的实证分析结果,探索任务驱动的认证用户社交网络信息发布行为动力学模型。

4.3.1　生成机制分析

依据 4.1.2 小节波动性分析结果,可知认证用户微博信息发布行为的波动性与普通用户微博信息发布行为的波动性有所不同,主要表现为认证用户对应的两个峰值均提前了 1 h。结合认证用户的特殊属性可以推断:认证用户的微博信息发布行为具有明显的任务倾向,他们一般会在其他用户微博使用高峰之前完成微博信息发布行为,以便其他用户能够在碎片化的黄金时间(两个高峰期)进行微博信息交流。由此,认证用户的微博信息发布行为不同于普通用户所表现出的兴趣倾向,而是具有明显的任务驱动特征,任务驱动机制或许是解释时间间隔幂律分布规律的主导机制。

基于以上假设,可以将认证用户的微博信息发布行为看作一个排队系统。其中,一个认证用户可以被视为一个服务台,可能触发该认证用户发布微博信息的客观事件就是任务。这些任务按照时间顺序依次到达服务台,服务台根据各个任务的优先权选择是否处理该任务。如果该任务的优先权大于设定阈值,则服务台就会处理该任务,即产生微博信息发布行为,否则不予处理。

此外,依据 4.1.2 小节周期性分析结果,活跃度较高的认证用户是以天为周期进行微博信息发布行为的,而活跃度较低的认证用户是以周为周期进行微博信息发布行为的。由此,在利用任务驱动机制对认证用户微博信息发布行为进行人类动力学建模时,需要充分地考虑这种周期性特征,即认证用户在每个周期的特定时间都会开启服务台,并持续工作直到该周期结束,然后在下一个周期的特定时间再次开启。

4.3.2　模型规则描述

按照以上生成机制,在借鉴已有人类动力学模型的基础上,认证用户微博信息发布行为的人类动力学模型如下所示。

(1)在每个周期 T 内,服务台将稳定地接收各种任务,但是服务台只有开启后才能处理任务,τ 是服务台连续两次开启的时间间隔,假定 τ 的分布函数的概率密度函数服从正态分布,如式(4.6)所示:

$$p(\tau,t) = \frac{1}{(\sqrt{2\pi} \times \exp(\theta)\sigma(r(t),f(t)))} \times \exp\left(-\frac{(\tau-T)^2}{2(\exp(\theta)\sigma(r(t),f(t)))^2}\right) \quad (4.6)$$

式中：$p(\tau,t)$ 表示在时刻 t 服务台开启的时间间隔概率密度。为了调整正态分布的标准差 σ，需要引入函数 $r(t)$ 和 $f(t)$，如式（4.7）所示（焦玉 等，2010）：

$$\sigma(r(t), f(t)) = a \times \exp\left(\frac{1}{r(t)}\right) + b \times \ln\left(\left|f(t) - T\right| + 1\right) \tag{4.7}$$

式中：$r(t)$ 表示到时刻 t 为止服务台已经开启的次数；$f(t)$ 表示到时刻 t 为止服务台开启的平均时间间隔；参数 a 和 b 主要起调节作用，$a \times \exp\left(\dfrac{1}{r(t)}\right)$ 用于控制到时刻 t 为止服务台开启次数对时间间隔分布的影响，$b \times \ln\left(\left|f(t) - T\right| + 1\right)$ 用于控制到时刻 t 为止服务台开启的平均时间间隔对时间间隔分布的影响；θ 是特定连续区间上的随机数，其作用是模拟服务台开启时间间隔出现异动的情形，即认证用户连续多天都没有发生微博信息发布行为。

（2）在排队论中，一般假设任务相互随机独立并以稳定的速率到达（Bhat，2005），由此假设每个周期 T 内任务到达的时间间隔服从均值为 T_{arv}、标准差为 σ_{arv} 的正态分布，如式（4.8）所示：

$$p(t_{\mathrm{arv}}) = \frac{1}{\sqrt{2\pi} \times \sigma_{\mathrm{arv}}} \exp\left(-\frac{(t_{\mathrm{arv}} - T_{\mathrm{arv}})^2}{2 \times \sigma_{\mathrm{arv}}^2}\right) \tag{4.8}$$

（3）任务到达服务台之后，利用随机函数赋予其优先权，并设定优先权最小阈值为 ρ，即当任务优先权大于等于 ρ 值时，任务获得服务；当任务优先权小于 ρ 值时，任务将不予处理。

（4）假设服务台处理每个任务的时间服从泊松分布（Bhat，2005），如式（4.9）所示：

$$P(t_p = k) = \frac{\lambda_p^k}{k!} \mu \mathrm{e}^{-\lambda_p} \tag{4.9}$$

式中：$\mu = \begin{cases} 1, & \alpha \geq \beta \\ \alpha, & \alpha < \beta \end{cases}$，用于模拟偶尔出现的需要长时间处理任务的情形，即认证用户偶尔发布超长微博信息。

（5）在每个周期末，服务台将关闭，然后进入下一个周期，以上步骤再次循环。

4.3.3　模型仿真与验证

依据图 4.16 描述的 30 位认证用户的实际数据来设置模型中相关参数，具体如表 4.7 所示。

表 4.7　参数设置

参数	含义	值	说明
T	微博信息发布行为的周期	1440 min	依据 30 位认证用户的实际数据,他们的微博信息发布行为周期为 1440 min
a	调节服务台开启次数对时间间隔分布的影响	6	依据 30 位认证用户的实际数据,$\sigma(r(t), f(t))$ 的取值为 [1, 400]。利用 MATLAB 来调整 a 的取值,以保证 $\sigma(r(t), f(t))$ 的取值为[1, 400]。经过测试,当 $a = 6$ 时,$\sigma(r(t), f(t))$ 的值符合实际情形
b	调节服务台开启的平均时间间隔对时间间隔分布的影响	60	依据 30 位认证用户的实际数据,$\sigma(r(t), f(t))$ 的取值为 [1, 400]。利用 MATLAB 来调整 b 的取值,以保证 $\sigma(r(t), f(t))$ 的取值为[1, 400]。经过测试,当 $b = 60$ 时,$\sigma(r(t), f(t))$ 的值符合实际情形
θ	特定连续区间内的随机数,模拟服务台开启时间间隔出现异动的情形	[1, 1.3]	依据 30 位认证用户的实际数据,服务台开启的时间间隔偶尔会出现异常情形。例如,ID = 4 的认证用户,出现过连续 2 天没有发布微博信息的情形,使得服务台开启的时间间隔出现了异常。利用 MATLAB 来调整 θ 的取值以保证异常值偶尔会出现,并符合实际情形。经过测试,当 θ 的取值为[1, 1.3]时,异动值将达到 4000,符合 ID = 4 的认证用户的实际情形
T_{arv}	任务到达的时间间隔的均值	150 min	在微博信息发布行为时间间隔的基础上,估计任务到达的时间间隔。经过测试,当 $T_{arv} = 150$ min 时,最终的仿真结果比较稳定,同时任务到达时间间隔与微博信息发布行为时间间隔之间比较协调
σ_{arv}	任务到达的时间间隔的标准差	30 min	在微博信息发布行为时间间隔的基础上估计任务到达的时间间隔。经过测试,当 $\sigma_{arv} = 30$ min 时,最终的仿真结果比较稳定,同时任务到达时间间隔与微博信息发布行为时间间隔之间比较协调
ρ	优先权最小阈值	0.5	根据每个认证用户的活跃度设定
λ_p	任务处理时长的方差	5 min	根据实际情形,设定为 5 min
α	随机变量,模拟偶尔出现的任务处理时长较大的情形	(1, 10)	认证用户偶尔会发布超长微博,由此会导致任务处理时长异动。利用 MATLAB 来调整 α 的取值以保证任务处理时长的异动情形会出现,并符合实际情形。当 α 的取值为(1, 10)时,异动值会达到 30 min,比较符合实际情形
β	门限值,用于模拟偶尔出现的需要长时间处理任务的情形	0.3	认证用户偶尔会发布超长微博,由此会导致任务处理时常异动。利用 MATLAB 来调整 β 的取值以保证任务处理时长的异动情形会出现。当 $\beta = 0.3$ 时,异动值将会达到 30 min,符合实际情形

根据模型描述及参数分析,得到模型仿真的主控流程图,如图 4.23 所示。利用 MATLAB 工具针对 30 位认证用户分别进行仿真。以 ID = 4 的认证用户

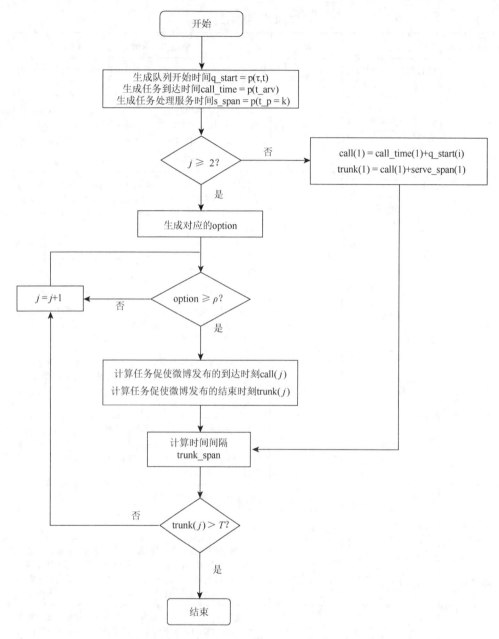

图 4.23　模型仿真的主控流程图

为例，图 4.24 描述了 50 次仿真后对应的幂指数分布，均值为 1.1784。大部分幂指数都在 1.1 附近，偶尔也会出现较大的幂指数。

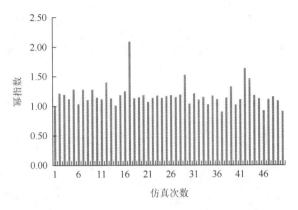

图 4.24　ID = 4 的认证用户的 50 次仿真的幂指数分布

图 4.25 描述了双对数坐标下之前随机选择的 8 位认证用户实际数据的幂指数和一次仿真数据的幂指数结果。不难发现，模型仿真结果与实际数据结果比较接近，而且表现出明显的肥尾效应，表明任务驱动认证的用户微博信息发布行为动力学模型的科学性。

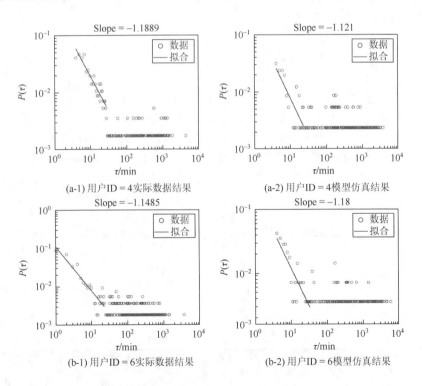

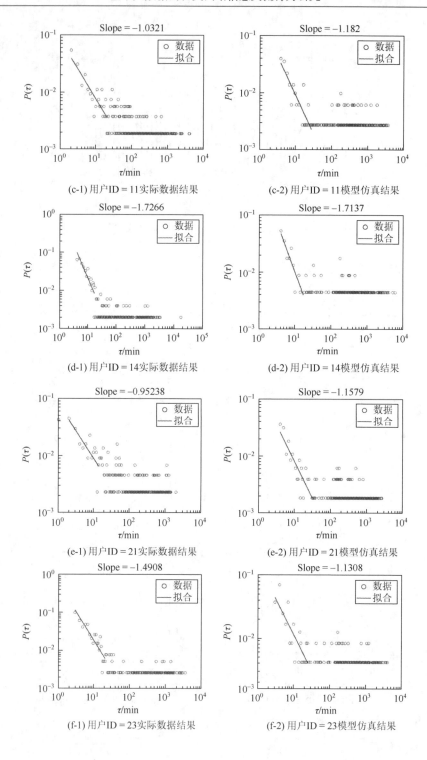

(c-1) 用户ID = 11实际数据结果

(c-2) 用户ID = 11模型仿真结果

(d-1) 用户ID = 14实际数据结果

(d-2) 用户ID = 14模型仿真结果

(e-1) 用户ID = 21实际数据结果

(e-2) 用户ID = 21模型仿真结果

(f-1) 用户ID = 23实际数据结果

(f-2) 用户ID = 23模型仿真结果

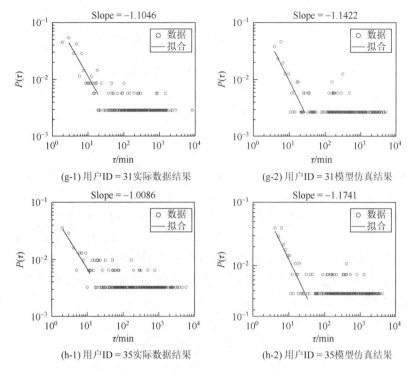

图 4.25　双对数坐标下之前随机选择的 8 位认证用户实际数据的幂指数和
一次仿真数据的幂指数结果

　　表 4.8 进一步描述了 8 位认证用户实际数据的幂指数与仿真数据的幂指数均值的对比。可以认为仿真数据与实际数据具有较高的吻合度，从而进一步表明任务驱动的认证用户社交网络信息发布行为动力学模型的科学性。

表 4.8　8 位认证用户实际数据的幂指数与仿真数据的幂指数均值的对比

用户 ID	实际数据的幂指数	仿真数据的幂指数均值
4	1.1889	1.1784
6	1.1485	1.1397
11	1.0321	1.0708
14	1.7266	1.6815
21	0.95238	1.0790
23	1.4908	1.4663
31	1.1046	1.0925
35	1.0086	1.0717

第 5 章　点对点模式下社交网络信息发布-转发评论行为研究

点对点模式是从个体层面、交互行为主体视角观察社交网络信息交流行为。其中，点对点模式下交互行为主体包含了信息传递者和信息接收者，他们之间是"一对一"的交互关系，从而决定了点对点模式下社交网络信息交流行为的差异性。本章主要考察个体层面点对点模式下，单一信息传递者的信息发布行为与单一信息接收者的信息转发评论行为共同形成的信息发布-转发评论行为实证统计规律，以此为依据揭示信息发布-转发评论行为规律的内在生成机制，并探索相应的人类动力学模型。

5.1　点对点模式下社交网络信息发布-转发评论行为实证分析

5.1.1　数据描述

从数据集 B 中随机选择 122 位微博用户，抽取在 2017 年 1 月 1 日至 2017 年 6 月 30 日之间收到的转发评论数据共计 1979400 条，涉及 876506 个用户对。剔除微博发布者与微博转发评论者 ID 相同的用户对之后，得到微博发布者与微博转发评论者非同一 ID 的用户对有 797652 对。具体数据格式如表 5.1 所示。

表 5.1　微博发布-转发评论数据格式

发布者 ID	微博 ID	发布时间	评论/转发者 ID	转发/评论时间
uid1	mid1	2017/6/30 8:28	fd_uid1	2017/6/30 10:23
uid1	mid1	2017/6/5 21:20	fd_uid3	2017/6/9 0:05
⋮	⋮	⋮	⋮	⋮
uid9	mid9	2017/5/4 7:43	fd_uid8	2017/5/4 8:30
⋮	⋮	⋮	⋮	⋮

5.1.2　基本统计分析

1. 样本选择

通过统计 797652 个用户对在 2017 年 1 月 1 日至 2017 年 6 月 30 日之间的转发次数，结果发现：63.21%的用户对只有 1 次转发交互；31.97%的用户对有 2～10 次转发交互，4.07%的用户对有 11～50 次转发交互；0.47%的用户对有 51～100 次转发交互，0.28%的用户对有 100 次以上转发交互。微博发布–转发数据统计和用户对转发次数百分比分布图如表 5.2 和图 5.1 所示。

表 5.2　微博发布–转发数据统计

转发交互次数	用户对数	占比/%
1 次	741909	63.21
2～10 次	375267	31.97
11～50 次	47671	4.07
51～100 次	5520	0.47
100 次以上	3309	0.28

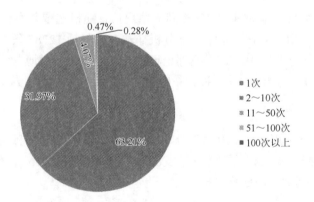

（扫一扫　看彩图）

图 5.1　用户对转发次数百分比分布图

通过统计 797652 个用户对在 2017 年 1 月 1 日至 2017 年 6 月 30 日之间的评论次数，结果发现：61.94%的用户对只有 1 次评论交互，34.34%的用户对有 2～10 次评论交互，3.36%的用户对有 11～50 次评论交互，0.264%的用户对有 51～100 次评论交互，0.096%的用户对有 100 次以上评论交互。具体结果如表 5.3 和图 5.2 所示。

表 5.3　微博发布-评论数据统计

评论交互次数	用户对数	占比/%
1 次	494128	61.94
2～10 次	273970	34.34
11～50 次	26799	3.36
51～100 次	1983	0.264
100 次以上	772	0.096

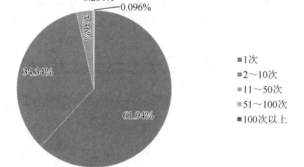

图 5.2　用户对评论次数百分比分布图

为了保证统计分析的有效性，去除无评论或无转发两种极端情况并且剔除微博发布者与微博转发评论者 ID 相同的情况后，随机选取转发评论次数之和超过 50 次的 50 个用户对作为基本统计分析样本，共包括 12287 条微博及其产生的 2477417 条转发记录与 1988877 条评论记录。其中，单条微博获得转发量的最大值为 11863，均值为 202，获得评论量的最大值为 27774，均值为 162。

2. 交互行为概率

图 5.3 为 50 个用户对的互动率分布图。其中，交互次数为评论次数、转发次数之和；交互概率 =（评论次数 + 转发次数）/微博发布总数。不难发现，92%的用户对的互动率都分布在 0～0.6。

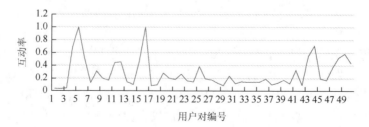

图 5.3　50 个用户对的互动率分布图

从 50 个用户对中随机选择 9 个用户对，展示其具体的互动数据，包括互动次数、互动率等，如表 5.4 所示。

表 5.4　随机选择的 9 个用户对交互行为概率统计

用户对编号	发布者 uid	互动者 uid	互动次数	微博总数	互动率
1	1142648704	1655442642	114	3423	0.033
12	1444865141	1939448527	160	1026	0.156
15	1596329427	2129027277	152	1155	0.132
19	1662766362	1579646877	114	1321	0.086
20	1662766362	1649767243	353	1321	0.267
22	1662766362	1687517494	204	1321	0.154
23	1662766362	1750432987	340	1321	0.257
29	1662766362	3241117002	160	1321	0.121
42	1676368781	1091971330	184	658	0.280

3. 交互行为等待时间

利用 MATLAB 工具对 50 个用户对的交互行为等待时间分布进行分析，时间单位为 h。结果发现，交互行为等待时间分布都呈现肥尾效应，且满足幂律分布，幂指数集中在 1～2。图 5.4 为 50 个用户对的交互行为等待时间分布幂指数分布图。

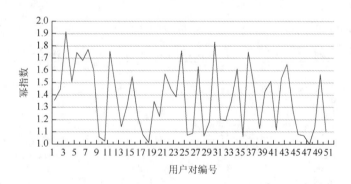

图 5.4　50 个用户对交互行为等待时间分布幂指数分布图

图 5.5 为双对数坐标下随机选择的 9 个用户对交互行为等待时间幂律分布图。可以发现，9 个用户对的交互行为等待时间分布都呈现了明显的肥尾效应，且满足幂律分布。其中，第 1 个用户对的幂指数为 1.3557，拟合度 $R^2 = 0.8177$；第 2 个用户对的幂指数为 1.4208，拟合度 $R^2 = 0.8088$；第 3 个用户对的幂指数为 1.5460，拟合度 $R^2 = 0.8960$；第 4 个用户对的幂指数为 1.3449，拟合度

$R^2 = 0.9063$；第 5 个用户对的幂指数为 1.2271，拟合度 $R^2 = 0.8374$；第 6 个用户对的幂指数为 1.4466，拟合度 $R^2 = 0.9296$；第 7 个用户对的幂指数为 1.3866，拟合度 $R^2 = 0.8234$；第 8 个用户对的幂指数为 1.1762，拟合度 $R^2 = 0.8555$；第 9 个用户对的幂指数为 1.5301，拟合度 $R^2 = 0.8925$。

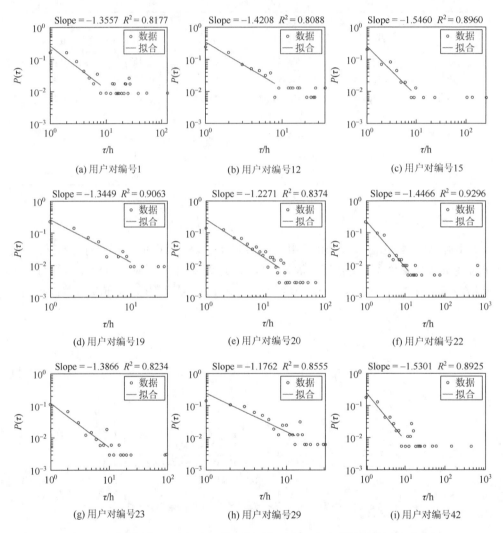

图 5.5　双对数坐标下随机选择的 9 个用户对交互行为等待时间幂律分布图

4. 交互行为阵发性

计算 50 个用户对交互行为的阵发性，结果如图 5.6 所示，可以看到具有一定的阵发性，集中在 0.1～0.8，均值为 0.47。

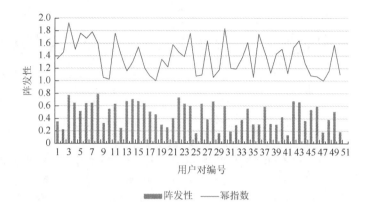

图 5.6　50 个用户对交互行为的阵发性分析结果

5. 交互行为记忆性

计算 50 个用户对交互行为的记忆性，结果如图 5.7 所示，可以看到具有一定的记忆性，集中在–0.07～0.9，均值为 0.15。

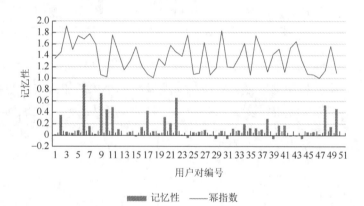

图 5.7　50 个用户对交互行为的记忆性分析结果

6. 交互行为波动性

具体计算方法是分别统计出每个用户对在一天 24 个时间单元内交互的数量情况，然后进行叠加。从上述 9 个用户对中选择 3 个用户对，展示其交互行为波动性，可以发现，不同用户对的交互行为波动性差异较大。

图 5.8 描述了用户对 A 交互行为波动性分析结果，整体上表现为平稳型。其中，0～6 时，交互概率非常低；6～12 时，交互概率呈波动递增趋势；12 时以后，交互概率整体上呈现波动下降趋势。

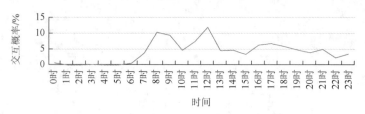

图 5.8　用户对 A 交互行为波动性分析结果

图 5.9 描述了用户对 B 交互行为波动性分析结果,整体上表现为单峰型。其中,0～5 时,交互概率非常低;5～7 时,交互概率迅速增加,并达到最高峰;7～9 时,交互概率迅速减少;9 时以后,交互概率在较低水平波动。

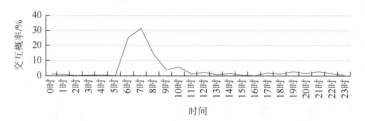

图 5.9　用户对 B 交互行为波动性分析结果

图 5.10 描述了用户对 C 交互行为波动性分析结果,整体上表现为双峰型。其中,0～5 时,交互概率非常低;5～7 时,交互概率小幅增加;7 时以后,交互概率迅速增加,并在 9 时达到第一个高峰;9～16 时,交互概率呈现波动下降趋势;16 时以后,交互概率再次增加,并在 18 时达到第二个高峰;18 时以后,交互概率呈现波动下降趋势。

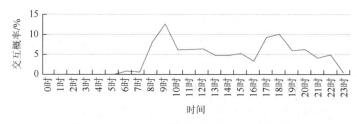

图 5.10　用户对 C 交互行为波动性分析结果

5.1.3　影响因素分析

依据表 5.1 提供的数据类型,可以进一步引入活跃时间、活跃度等因素进行对比分析,以揭示相关影响因素。

1. 活跃时间

在交互行为波动性分析中，可以发现不同用户对的波动规律不一样，呈现出了单峰型、平稳型、双峰型等不同模式，从而揭示了不同的活跃时间规律。第一，单峰型：在一天 24 个时间单元内，存在一个特定的时间单元，用户对的交互概率相对较高。第二，平稳型：在一天 24 个时间单元内，除去 22:00～07:00 时睡眠时间外，每个时间单元中用户对的交互概率较为平稳。第三，双峰型：在一天 24 个时间单元内，存在两个特定的时间单元，用户对的交互概率相对较高。

将 50 个用户对按照以上 3 种活跃时间类型进行分类统计，并计算三类用户对的交互行为等待时间分布幂指数均值，结果如表 5.5 所示。不难发现，三种活跃时间类型用户对比例相差不大，其中单峰型活跃时间类型数据离散程度最大，用户对所占的比例最大，其对应的幂指数均值最小；双峰型活跃时间类型数据离散程度次之，对应的幂指数均值居中，用户对所占的比例最小；平稳型活跃时间数据离散程度最小，对应的幂指数均值最大，用户对所占的比例居中。由此，活跃时间是影响点对点模式下社交网络信息发布-转发评论行为的重要因素之一。总体来看活跃时间越多，其对应的幂指数越高。

表 5.5　不同活跃时间类型的对比统计分析

活跃时间类型	用户对比例/%	离散程度均值	幂指数均值
单峰型	38.00	89.04	1.30
双峰型	28.00	65.84	1.40
平稳型	34.00	58.64	1.42

2. 活跃度

将 50 个用户对按照活跃度从低到高排序并分为 4 组，然后计算每组用户对交互行为等待时间分布幂指数均值，结果如表 5.6 所示。不难发现，每组用户对交互行为等待时间分布的幂指数随其活跃度增加而同向增大，表明活跃度也是影响点对点模式下社交网络信息发布-转发评论行为的重要因素之一。

表 5.6　不同活跃度的对比统计分析

组号	用户对比例/%	活跃次数	幂指数均值
1	10.0	小于 100	1.30
2	76.0	101～500	1.35
3	8.0	501～1000	1.47
4	6.0	1000 以上	1.54

5.2　基于社会交互的社交网络信息发布-转发评论行为动力学模型构建

与单点模式下社交网络信息发布行为不同, 点对点模式下社交网络信息发布-转发评论行为的人类动力学模型构建需要考虑更多的因素。本节将依据 4.2 节提出的兴趣驱动的普通用户社交网络信息发布行为生成机制, 并结合 5.1 节的分析结果, 探索基于社会交互的社交网络信息发布-转发评论行为动力学模型。

5.2.1　生成机制分析

在人类的诸多行为中, 很多行为的开展需要与他人协作交互才能完成。例如, 个人回复电子邮件的行为取决于对方什么时候发送了电子邮件。由此, 在人类动力学关于人类行为的各种生成机制中, 社会交互机制具有不可替代的地位。就点对点模式下社交网络信息发布-转发评论行为而言, 其生成机制更符合社会交互机制的应用场景, 即信息传递者与信息接收者的社会交互。

依据 4.2 节提出的普通用户微博信息发布行为机制, 普通用户微博信息转发评论行为仍然具有娱乐与兴趣倾向。由此, 普通用户 A 在兴趣驱动机制的作用下, 发布微博信息之后, 普通用户 B 针对此条微博信息的转发评论行为也适用于兴趣驱动模型。为了简化本节的研究, 在探索微博信息发布-转发评论行为生成机制时, 假定普通用户 A 已经完成了微博信息发布行为 (其生成机制可以参考 4.2 节), 重点分析普通用户 B 针对此条微博信息的转发评论行为的兴趣驱动机制。

同样, 此部分将借鉴 Shang 等 (2010) 提出的兴趣驱动模型, 假设普通用户 B 微博信息转发评论行为主要是由兴趣驱动的, 从而认为兴趣是解释普通用户对 A、B 交互行为等待时间幂律分布规律的主导机制。待普通用户 A 发布微博信息之后, 初始时普通用户 B 转发评论该条微博信息的兴趣最浓厚, 随着时间推移, 兴趣开始降低, 转发评论行为的概率也随之降低。此外, 结合 5.1 节的统计分析结果, 活跃时间、活跃度等是影响交互行为等待时间分布的重要因素, 由此可以将这些因素融入兴趣驱动模型, 从而形成普通用户 B 微博信息转发评论行为的生成机制。

5.2.2　模型规则描述

按照以上生成机制, 在借鉴已有人类动力学模型的基础上, 可以构建基于社会交互的普通用户微博信息发布–转发评论行为动力学模型，具体描述如下。

（1）假定用户发布、转发评论微博信息的时间是离散的，时间步长的最小单位为1。

（2）假定在 $t=0$ 时刻，用户 A 发布了一条微博信息，这条微博信息将同步发送到用户 B 的微博 Feed 系统信息流队列中。

（3）假定用户 B 转发评论该条微博信息的兴趣为 $f(\Delta t)$，则其在时间步长 Δt 时转发评论该条微博信息的概率可以用 $p(\Delta t)$ 表示。

（4）设定 p 为在周期 T 内用户 B 处于自身活跃时间的概率，用于调节兴趣衰减函数的选择问题。

（5）当 $p=0$ 时，用户 B 在非活跃时间，其转发评论行为主要受到自身兴趣的影响，即此时用户 B 转发评论微博行为的兴趣衰减速度为自然衰减速度，兴趣衰减函数为 $\dfrac{1}{1+\alpha\Delta t}$（Shang et al.，2010）。

在自然衰减程度 α 的作用下，用户 B 在 $t=0$ 时刻转发评论该条微博信息的兴趣为1，随着时间的推移，兴趣不断减弱，则第 Δt 时间步用户 B 转发评论的概率如式（5.1）所示：

$$P(\Delta t=\tau)=\frac{1}{1+\alpha t}\prod_{\Delta t=1}^{t-1}\left(1-\frac{1}{1+\alpha\Delta t}\right)$$

$$=\left(1-\frac{1}{1+\alpha}\right)\cdots\left(1-\frac{1}{1+\alpha(t-1)}\right)\cdot\frac{1}{1+\alpha t}=\frac{1}{\alpha},\ B\left(\tau,1+\frac{1}{\alpha}\right)\sim\frac{1}{\alpha}\tau^{-\left(1+\frac{1}{\alpha}\right)}$$

$$(5.1)$$

也就是说，在不考虑活跃时间以及活跃度的影响下，用户 B 转发评论行为的等待时间分布将服从幂指数 $\gamma=1+\dfrac{1}{\alpha}$ 的幂律分布，自然衰减程度 α 越大，幂指数越小。

（6）设定 ξ 为活跃度参数，用于调节用户 B 转发评论微博行为的兴趣衰减程度，同时假定活跃度参数 ξ 不会影响周期 T。

（7）当 $p\neq0$ 时，需要引入活跃时间影响因素。如果用户 B 处于活跃时间，活跃度较高，会减缓转发评论微博的兴趣衰减程度，此时第 Δt 时间步兴趣衰减函数为 $\dfrac{1}{1+\dfrac{\alpha\Delta t}{1+\xi}}$，即 $\dfrac{1+\xi}{1+\xi+\alpha\Delta t}$。

由此，引入活跃时间后，在第 Δt 时间步用户 B 发生微博转发评论行为的概率如式（5.2）所示：

$$P(\Delta t = \tau) = \frac{1}{1+\xi+\alpha t} \prod_{\Delta t=1}^{t-1}\left(1-\frac{1+\xi}{1+\xi+\alpha\Delta t}\right)$$

$$= \left(1-\frac{1+\xi}{1+\xi+\alpha}\right)\cdots\left(1-\frac{1+\xi}{1+\xi+\alpha(t-1)}\right)\cdot\frac{1}{1+\xi+\alpha t} \qquad (5.2)$$

$$= \frac{1+\xi}{\alpha}, \mathrm{B}\left(\tau, 1+\frac{1+\xi}{\alpha}\right) \sim \frac{1+\xi}{\alpha}\tau^{-\left(1+\frac{1+\xi}{\alpha}\right)}$$

根据式（5.2），如果在周期 T 内用户 B 一直处于活跃时间，即 $p=1$ 时，那么用户 B 转发评论行为等待时间将服从幂指数 $\gamma = 1+\frac{1+\xi}{\alpha}$ 的幂律分布。其中，α 和 ξ 都是正值，所以幂指数大于 1。自然衰减程度 α 越大，幂指数越小；活跃度参数 ξ 越大，幂指数越大。

（8）$p \neq 0, 1$ 更为接近现实，从而形成点对点模式下普通用户信息发布-转发评论行为动力学模型。

5.3　模型仿真与验证

5.3.1　参数设置

按照以上模型规则，利用 MATLAB 工具点对点模式下对普通用户微博信息发布-转发评论行为进行仿真，相关参数分析主要依据用户对的实际数据，具体如下。

（1）T 为用户 B 转发评论行为兴趣周期。通过分析转发评论等待时长数据，可以发现用户的转发评论行为具有一定的周期性。为了确定用户转发评论行为兴趣消失的时长，以每个用户对互动等待时间数据为基础，计算平均互动等待时间并作为该用户对的兴趣周期。

（2）ξ 为活跃度参数。用户 B 转发评论行为的活跃度参数指的是在采集数据周期范围内，用户 B 第一次转发评论行为到最后一次转发评论行为的时间区间内每一天的转发评论行为平均次数。为了使 ξ 不受到量纲的影响，需要对 ξ 值进行归一化处理，使得 ξ 的取值在(0, 1)内。

（3）α 为用户 B 转发评论行为的兴趣衰减程度。利用幂指数公式 $\gamma = 1+\frac{1+\xi}{\alpha}$ 反向推导 α 值。

（4）p 为用户 B 处于活跃时间的概率，结合用户对交互行为波动性分析结果进行多次仿真模拟实验综合设定。

根据模型及参数分析，得到该模型仿真的主控流程图，具体如图 5.11 所示。

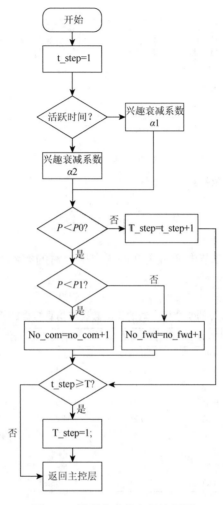

图 5.11　模型仿真的主控流程图

　　以编号 33 的用户对为例，仿真时间段长度为 181d，周期为 48（时间步长为 h），兴趣衰减系数 $\alpha = 2.93$。不考虑活跃时间的影响时，即 $p = 0$，此时仿真模拟的用户互动行为等待时间分布幂指数为 1.3284，拟合度 $R^2 = 0.9132$；当用户 B 在周期 T 内一直处于活跃时间时，即 $p = 1$，活跃度参数 $\xi = 0.03$，此时仿真模拟的用户互动行为等待时间分布的幂指数为 1.5666，拟合度 $R^2 = 0.9137$；当用户 B 在周期 T 内以概率 p 处于活跃时间时，即 $p \neq 0, 1$，设定 $p = 0.5$，$\xi = 0.03$，此时仿真结果的幂指数为 1.392，拟合度 $R^2 = 0.8299$；图 5.12 为双对数坐标下三种情形下交互行为等待时间分布的仿真模拟结果。

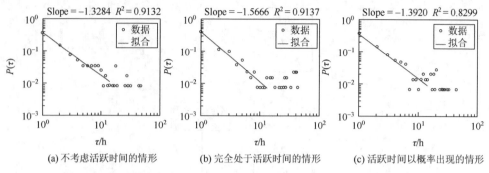

(a) 不考虑活跃时间的情形　　(b) 完全处于活跃时间的情形　　(c) 活跃时间以概率出现的情形

图 5.12　双对数坐标下三种不同情形交互行为等待时间的仿真模拟结果

5.3.2　模型验证

表 5.7 描述了 5.1.2 节中随机选择的 9 个用户对的实际数据与仿真数据的相关参数和结果。

表 5.7　随机选择的 9 个用户对的实际数据与仿真数据的相关参数和结果

用户对编号	周期	活跃度	活跃时间概率	兴趣衰减系数	实际幂指数	仿真幂指数均值
1	87	0.01	0.15	2.85	1.3557	1.3562
12	49	0.03	0.25	2.44	1.4208	1.4236
15	44	0.02	0.15	1.88	1.546	1.5491
19	54	0.01	0.25	2.94	1.3449	1.3509
20	33	0.08	0.25	4.74	1.2271	1.2311
22	49	0.04	0.35	2.32	1.4466	1.4480
23	31	0.07	0.35	2.78	1.3866	1.3966
29	47	0.03	0.85	5.82	1.1762	1.1783
42	56	0.03	0.1	1.95	1.5301	1.5359

图 5.13 进一步展示了 5.1.2 节中随机选择的 9 个用户对实际数据的幂指数与一次仿真数据的幂指数结果。

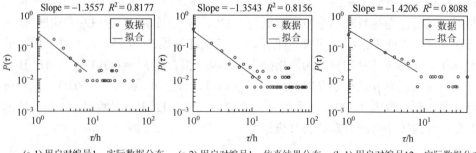

(a-1) 用户对编号1：实际数据分布　　(a-2) 用户对编号1：仿真结果分布　　(b-1) 用户对编号12：实际数据分布

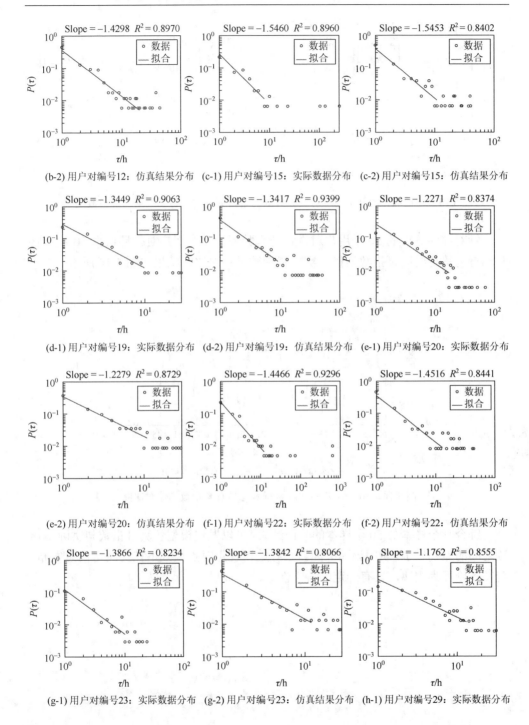

(b-2) 用户对编号12：仿真结果分布　(c-1) 用户对编号15：实际数据分布　(c-2) 用户对编号15：仿真结果分布

(d-1) 用户对编号19：实际数据分布　(d-2) 用户对编号19：仿真结果分布　(e-1) 用户对编号20：实际数据分布

(e-2) 用户对编号20：仿真结果分布　(f-1) 用户对编号22：实际数据分布　(f-2) 用户对编号22：仿真结果分布

(g-1) 用户对编号23：实际数据分布　(g-2) 用户对编号23：仿真结果分布　(h-1) 用户对编号29：实际数据分布

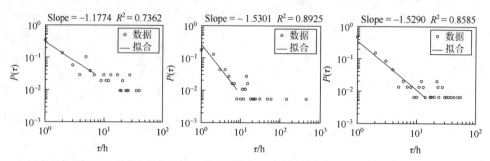

(h-2) 用户对编号29：仿真结果分布　(i-1) 用户对编号42：实际数据分布　(i-2) 用户对编号42：仿真结果分布

图5.13　随机选择的9个用户对实际数据的幂指数与一次仿真数据的幂指数结果

针对前面分析的50个用户对进行仿真验证，每个用户对循环仿真50次，将互动行为等待时间幂指数均值与实际幂指数进行对比，结果如图5.14所示。

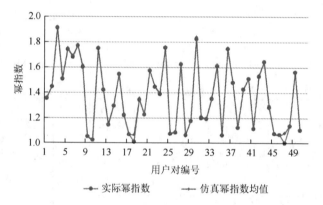

（扫一扫　看彩图）

图5.14　50个用户对实际幂指数与仿真幂指数均值对比图

综合9个样本与50个样本的验证结果，可以发现模型仿真幂指数与实际幂指数之间的差别较小，表明该模型能够较好地再现点对点模式下社交网络信息发布-转发评论行为规律，具有一定的科学性。

第6章　一对多模式下社交网络信息发布-转发行为研究

一对多模式是从群体层面、单一信息传递者视角观察社交网络信息交流行为。信息传递者的信息发布行为会促发与其好友之间的群体信息交流行为,从而形成以信息传递者为中心、多个信息接收者与之互动的一对多模式。按照信息接收者信息反馈行为的不同,一对多模式下的信息交流行为可以有不同的表现形式。本章主要考察群体层面一对多模式下,单一信息传递者的信息发布行为与多个信息接收者的信息转发行为共同形成的信息发布-转发行为实证统计规律,揭示信息发布-转发行为规律的内在生成机制,并探索相应的人类动力学模型。

6.1　一对多模式下社交网络信息发布-转发行为实证分析

6.1.1　数据描述

从数据集 B 中抽取具有转发行为的微博共计 124041 条,提取其转发者 ID、转发时间、被转发微博 ID、原博主 ID 等信息,统计包括 4125868 条转发记录,具体数据格式如表 6.1 所示。为了降低数据统计分析的工作量,利用原博主 ID 从数据集 B 中随机抽取 46 名博主作为分析样本,共包括 1512 条微博及其产生的 288321 条转发记录。其中,单条微博获得转发量的最大值为 13717,最小值为 11,均值为 190。

表 6.1　实证数据的数据格式

转发者 ID	转发时间	被转发微博 ID	原博主 ID
6056540697	2017-05-16 12:18:00	4070117564129033	1584255432
5385306841	2017-02-03 18:58:00	4070117564129033	1584255432
3034734632	2017-03-24 23:54:00	4088822306848069	1662766362
1682538620	2017-01-31 21:57:00	4070088099966619	1584255432
⋮	⋮	⋮	⋮

6.1.2 基本统计分析

1. 人类动力学相关指标分析

（1）时间间隔。群体层面转发行为时间间隔的统计是将所有转发用户看成一个整体，不区分用户，计算某一微博下所有转发用户转发该微博间隔时间的统计特征。图 6.1 展示了随机抽取的一位用户（ID = 1691761292）发布的 6 条微博所获转发行为的时间间隔分布图，可以发现转发行为时间间隔分布呈现明显的幂律分布特征。

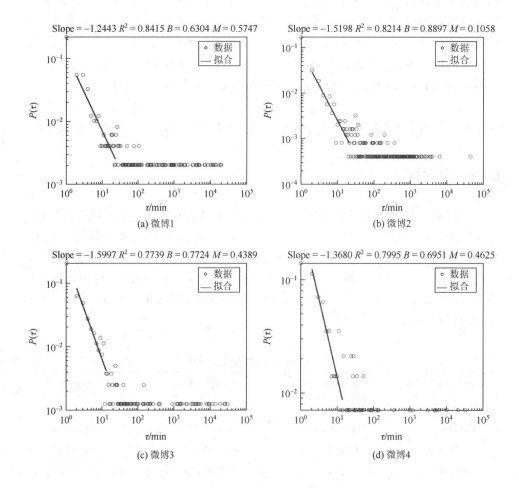

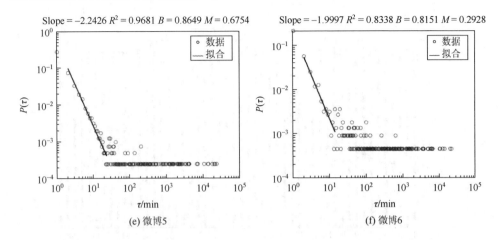

图 6.1　随机抽取的一位用户（ID = 1691761292）发布的 6 条微博所获转发行为时间间隔分布图

图 6.2 显示了用户（ID = 1691761292）发布的 50 条微博中有 47 条微博所获转发行为时间间隔分布符合幂律分布，幂指数在 0.6~2.7，均值为 1.4586。有 42 条微博的幂指数大于 1，占比为 89.36%，表明微博被转发的时间间隔满足幂律分布是一种较为普遍的现象。

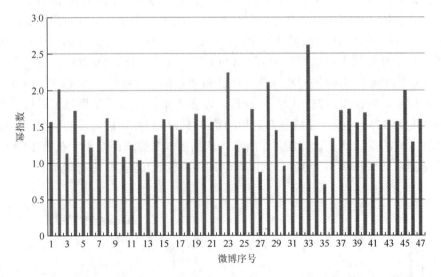

图 6.2　用户（ID = 1691761292）发布微博所获转发行为时间间隔幂律分布的幂指数

（2）阵发性。图 6.3 为用户（ID = 1691761292）发布的 47 条微博所获转发行为的阵发性分析结果，其均值为 0.776。阵发性大于 0.6 的微博有 46 条，占比为 97.87%，说明该样本数据中群体层面用户的转发行为具有较强的阵发性。

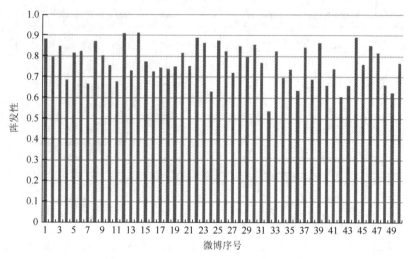

图 6.3　用户（ID = 1691761292）发布的 47 条微博所获转发行为的阵发性分析结果

2. 转发模式分析

从 1512 条样本数据中随机选择两条微博，观察其被转发的情况。图 6.4 展示了总转发量为 2438 的微博在各个时间步获得的转发量及其在 2880 个时间步上的累计占比和总转发量为 481 的微博各个时间步获得的转发量及其在 2880 个时间步上的累计占比。可以看出，随着时间的推移，两条微博在单位时间内所获得的转发量在衰减。注意，两条微博转发量累计占比在前 1000 个时间步达到 90%，说明大约 90% 的转发量来自微博发出后的 1440 个时间步（即 1 d）以内。

考虑到单条样本数据的特殊性，由此需要对样本数据进行聚类处理，以揭示其普遍规律。统计微博发布后的转发量，以 d 为单位计数，结果显示最长的时间跨越长度为 355 d，即在微博发布之后的第 355 d 依然存在被转发的情况，为此统计了转发量的累计增长，如图 6.5 所示。依据图 6.5 的统计结果，在第 12 d 时，转发量的累计增长率小于 3‰，因此取时间序列的长度为 12 进行聚类。

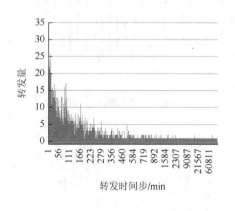

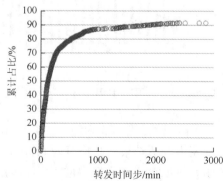

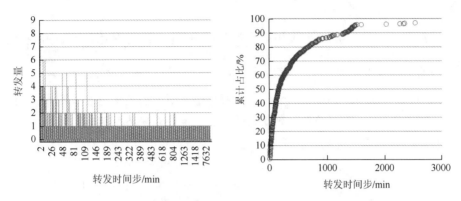

图 6.4　不同微博获得转发量的时间分布及其在 2880 个时间步上的累计占比

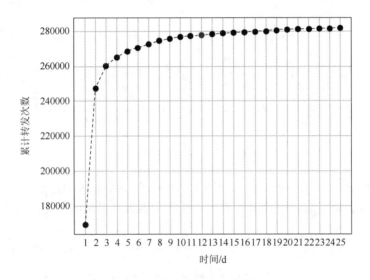

图 6.5　转发量的累计增长

借鉴 Li 等（2016）的方法，对样本数据进行聚类。该方法的主要处理流程如下：

首先，对原始数据采用阿特曼 Z-score 模型进行标准化处理，并对时间序列利用一阶差分的思想进行降维，计算公式为

$$X_C = \max(X_t) + \min(X_t) \tag{6.1}$$

式中：$X_t = X_t - X_{t-1}$ 为时间序列的一阶差分。

然后，利用 k-means 方法对降维后的数据进行聚类。聚类效果评价指标 DB（davies-bouldin）指数的计算公式为

$$\text{DB} = \frac{1}{k} \sum_{i=1}^{k} \max \left\{ D_{i,j} \right\} \tag{6.2}$$

式中：$D_{i,j} = \dfrac{\overline{d_l} + \overline{d_j}}{d_{i,j}}$ 为第 i 个簇和第 j 个簇之间的距离；$\overline{d_l}$ 是第 i 个簇中所有的点到簇心的平均欧氏距离；$d_{i,j}$ 是第 i 个簇和第 j 个簇心之间的欧氏距离。

DB 指数（Davies-Bouldin index）的值越小，聚类的效果越好。图 6.6 的结果表明，数据集在 $k = 3$ 时 DB 指数取到最小值，聚类效果达到最优。

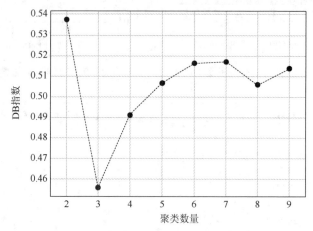

图 6.6　k 值与 DB 指数的关系

数据集 B 中的三种转发模式如图 6.7 所示。样本数据集中存在三种转发模式：模式一的显著特征为转发量急剧衰减；模式二则为转发量的缓慢衰减；模式三的

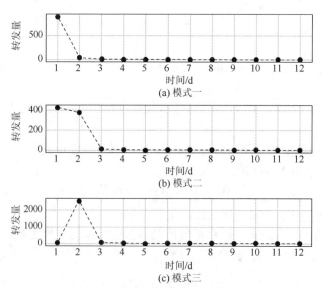

图 6.7　数据集 B 中的三种转发模式

转发量呈现出先上升后下降的趋势。由此可以看出，微博在单位时间内所获得的转发量随着时间步的推移而衰减具有一般性。

　　表 6.2 进一步描述了数据集 B 中三种转发模式的占比。结合图 6.7 中纵坐标的值，可以看出，尽管模式三的微博数量较少，但其与其他两种模式相比，拥有更多的转发量。这也进一步说明了转发量的不平衡现象。

表 6.2　数据集 B 中三种转发模式的占比

模式	数量	占比/%
模式一	860	57
模式二	476	31
模式三	176	12

6.1.3　影响因素分析

　　针对一对多模式下微博信息发布–转发行为的独有统计规律，可以借鉴社会影响理论进行分析。社会影响是指在社会造成的压力影响之下，能够引起他人发生态度、行为及情绪方面变化的影响力（黄林橙，2015）。通常情况下，引起他人发生态度、行为及情绪方面变化的社会影响一般分为两种类型：信息性社会影响和规范性社会影响（Duan et al.，2009）。

　　信息性社会影响指个体接受他人的信息作为事实的证据。在微博转发行为中，这种信息性社会影响更多地体现在信息本身，包括信息的内容形式、内容质量等。由此，本节利用信息时效性这个指标来综合测度信息性社会影响。

　　规范性社会影响来源于个体服从于对其重要的人的期望（李峰 等，2012）。一方面，个体感知到的这种社会规范越强烈，其服从意愿越强烈。另一方面，"紧急规范"一旦产生，同样会对在场者形成规范压力，迫使他们去仿效和遵从，从而产生从众行为。在微博转发行为中，这种规范性社会影响，一方面表现在个体对于意见领袖的服从，另一方面体现在转发行为的从众性之上，即当某一信息被大量转发时，个体的行为选择会更倾向于群体的选择，产生行为的仿效，使得行为的集群效应更加显著。由此，本章主要利用群体转发率来测度规范性社会影响。

　　1）信息性社会影响——信息时效性

　　信息时效性作为文献信息老化的一个分支，在大的范围内符合文献信息老化的基本理论（王玉斌，2013）。对于信息时效性的测度可以借助文献信息老化的最经典的负指数模型，计算公式为

$$C(t_i, t_f) = \mathrm{e}^{-\alpha(t_i - t_f)} \tag{6.3}$$

式中：t_f 表示信息发布的时间；t_i 表示当前的时间；$C(t_i, t_f)$ 表示信息在 t_i 时刻的

影响力大小；α 表示的是信息老化率系数，$\alpha = -\dfrac{\ln\left(C\left(t_i, t_f\right)\right)}{t_i - t_f}$。

　　利用微博信息在每一时间步中被转发的次数与整个生命周期内被转发的总数之比来计算微博信息影响力，进而根据信息老化率系数的计算方法得到每一时间步的信息老化率系数，从而计算出每一时间步微博的信息时效性。由此，以该位用户（ID = 1691761292）发布的 50 条微博作为样本进行信息时效性计算。

　　依据本章统计，88%的微博在发布后的当天即可获得单日最大转发量，由此选取时间区间为微博发布后的 1440 min，计算出微博每一次获得转发时的信息时效性并进行拟合。经过多次拟合实验，拟合函数采用两个负指数模型累加的形式时拟合效果更好。因此，采用 $C(t, t_s) = a \cdot \mathrm{e}^{-b(t-t_s)} + c \cdot \mathrm{e}^{-d(t-t_s)}$ 模型进行拟合，得到用户（ID = 1691761292）发布的 6 条微博的时效性拟合结果如图 6.8 所示。

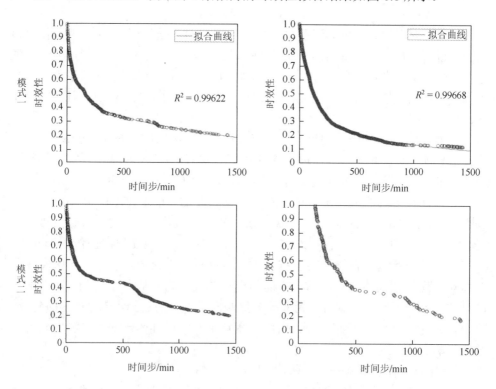

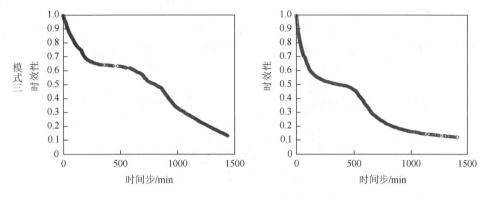

图 6.8　用户（ID = 1691761292）发布微博的时效性拟合结果

可以看出，微博信息时效性表现为显著的随时间递减趋势。其中，模式一可以用指数函数进行很好的拟合；模式二与模式三的时效性的衰减速率并不均匀，用单一的指数函数拟合效果较差，但衰减的趋势并没有发生改变。

进一步挖掘微博信息时效性与微博转发概率之间是否具有相关性。设定 t 时间步的微博转发概率 $\delta = \dfrac{M(t)}{N(t)+1}$。其中，$N(t)$ 为 t 时间步浏览到微博 i 的用户数量；$M(t)$ 为 t 时间步转发微博 i 的用户数量。由于数据集的限制，很难找到准确的 $N(t)$，因此利用数据集 B 中 i 时间步的新增转发量来近似地估计 $N(t)$。结果如图 6.9 所示。

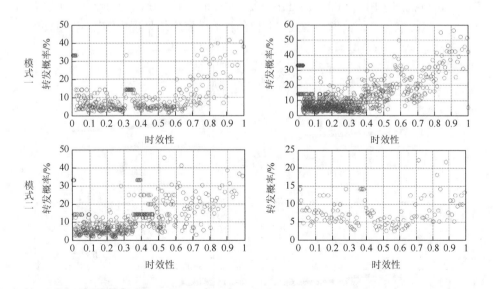

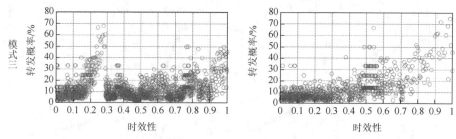

图 6.9　微博信息时效性与微博转发概率的关系

不难发现，随着微博信息时效性的衰减，微博的转发概率也逐渐降低。以模式三的右图为例，微博信息时效性与微博转发概率的相关系数为 0.674。可以认为，微博的信息时效性是影响用户是否转发微博的一个重要因素。综上，考虑到信息时效性的作用，微博的转发概率 $\gamma = C(t, t_s)$。

2）规范性社会影响——群体转发率

设定群体转发率的计算公式为 $\beta = \dfrac{\sum\limits_{t_s}^{t-1} M(t)}{\sum\limits_{t_s}^{t-1} N(t) + 1}$。其中，$N(t)$ 为 t 时间步浏览到微博信息 i 的用户数量，用数据集 B 中 t 时间步的新增转发量估计得到；$M(t)$ 为 t 时间步转发微博信息 i 的用户数量。

图 6.10 描述了用户（ID = 1691761292）发布的 6 条微博的计算结果。可以看出，随着时间步的推移，无论哪种模式，微博的群体转发率均呈现出缓慢衰减的趋势。

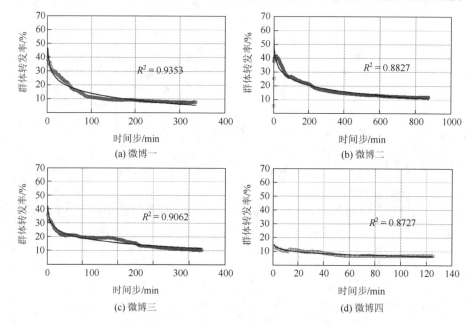

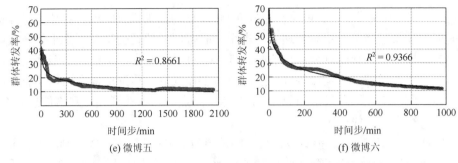

(e) 微博五　　　　　　　　　　　　(f) 微博六

图 6.10　用户（ID = 1691761292）发布微博的群体转发率

进一步探索微博的群体转发率与转发概率的关系。用户（ID = 1691761292）发布的 6 条微博的群体转发率与转发概率的相关系数如表 6.3 所示，相关系数平均值为 0.495。结果表明，群体转发率与转发概率之间具有正向相关关系。

表 6.3　用户（ID = 1691761292）发布的 6 条微博的群体转发率与转发概率的相关系数

样本	相关系数
1	0.510
2	0.497
3	0.586
4	0.317
5	0.332
6	0.728

从众效应表明，如果群体中大部分倾向于选择某一种行为，那么后来者有很大的概率会受到前者的影响（万佑红 等，2016）。这意味着，当微博的群体转发率越大时，相应的累计转发量也就越大，从众效应的影响也就越强，微博的转发概率也就越大。因此，从本质上讲，群体转发率正是通过影响累计转发量带来的从众效应以产生对于转发概率的影响，可以使用 $e^{\lambda \cdot \beta \cdot C}$ 来刻画这种变化关系。其中，

$$C = \left(N(t) + \sum_{t_s}^{t-1} N(t) - \sum_{t_s}^{t-1} M(t) \right)$$

表示可能受到从众效应影响的人数。综上，考虑到群体转发率及从众效应的共同作用，微博的转发概率 $\gamma = e^{\lambda \cdot \beta \cdot C}$。

6.2　基于社会影响理论的社交网络信息发布−转发行为动力学模型构建

6.2.1　生成机制分析

与第 5 章个体层面点对点模式下社交网络信息发布−转发评论行为的生成机

制类似，一对多模式下社交网络信息发布-转发行为的生成机制也符合社会交互机制的应用场景，即单一信息传递者与多个信息接收者的社会交互。由于信息接收者的异质性、信息交流行为动机的隐蔽性，通过微博社交网络的强大聚合功能，个体层面点对点模式叠加成为群体层面一对多模式后，将形成嵌套结构及整体的涌现性，所以不能简单地应用第 5 章个体层面点对点模式下社交网络信息发布-转发评论行为的生成机制。

同样，在探索一对多模式下社交网络信息发布-转发行为生成机制时，假定单一信息传递者已经完成了微博信息发布行为（其生成机制可以参考 4.2 节），重点分析多个信息接收者针对此条微博信息的转发行为的生成机制。

已有的研究已经证明了新闻事件的时效性——"五分钟热度"这一现象在新闻媒体中广泛存在，大部分新闻文档放在网上 36 h 后，其访问量就会显著下降（易兰丽，2012）。事实上，这一现象在微博社交网络中更加突出。毛佳昕等（2014）统计了微博的转发延迟后发现：50%的微博的转发延迟小于 55 min，90%的微博的转发延迟小于 1153 min（约为 19.2 h）。这说明，微博信息传播的时效性较强，用户通常不会去转发较旧的，如一天之前发布的微博，这些结论与 6.1 节的分析结论不谋而合，也进一步表明微博的信息时效性是影响用户转发决策的一个重要因素。此外，由于信息接收者所处的群体环境更为复杂，做出转发决策时更容易受到他人行为的影响。如果群体中大部分倾向于选择某一种行为，那么后来者有很大的概率会受到前者的影响，这就是典型的从众效应。6.1.3 小节规范性社会影响分析结果表明，群体转发率通过影响累计转发量带来的从众效应以产生对于转发概率的影响，成为影响用户转发决策的又一个重要因素。

由此，本节借鉴社会影响理论来阐述一对多模式下信息接收者的转发行为生成机制，即通过信息时效性表征信息性社会影响，通过群体转发率表征规范性社会影响，在两者的共同作用之下产生微博信息转发行为。

6.2.2　模型规则描述

按照以上生成机制，在借鉴已有人类动力学模型的基础上，可以构建基于社会影响理论的社交网络信息发布-转发行为动力学模型，具体描述如下。

（1）假定用户发布、转发微博的时间是离散的，时间步长的最小单位为 min。

（2）假定在 $t = 0$ 时刻，用户 A 发布了一条微博，这条微博将同步发送到群体用户的微博 Feed 系统信息流队列中。

（3）假定在周期 T 内，用户 A 发布微博的信息时效性随着时间步的推移按照函数 $C(t, t_s)$ 进行衰减，其对群体用户转发决策的影响权重为 p_1（$p_1 \geq 0$）。

（4）假定在周期 T 内，用户 A 发布微博的转发率随着时间步的推移按照函数 $e^{\lambda \cdot \beta \cdot C}$ 进行衰减，其对群体用户转发决策的影响权重为 p_2 ($p_2 \geqslant 0$)。

（5）群体用户在时间步 Δt 转发用户 A 发布微博的概率用 $P(\Delta t)$ 来表示，如式（6.4）所示：

$$P(\Delta t) = p_1 \cdot C(t, t_s) + p_2 \cdot e^{\lambda \cdot \beta \cdot C} \qquad (6.4)$$

式中： $C(t, t_s) = a \cdot e^{-b(t - t_s)} + c \cdot e^{-d(t - t_s)}$ ， $\lambda = -1$ ， $p_1 + p_2 = 1$ 。

通过上述模型，能够获得微博信息 i 在 t 时间步群体转发的概率，从而得到 t 时间步微博信息的转发量。由于模拟的时间步 t 的单位为 min，同一时间步内群体用户转发的时间间隔可以忽略不计，所以可以用获得转发的时间步之间的间隔来表示群体用户针对用户 B 发布的微博信息的转发行为的时间间隔。

6.3　模型仿真与验证

6.3.1　参数设置

按照以上模型规则，利用 MATLAB 工具编程对群体层面微博信息发布–转发行为动力学模型进行仿真。相关参数设置主要依据 6.1 节中的实际数据，具体如下。

（1）设定不同微博的信息时效性在周期 T 内进行衰减，T 取值为 1440 个时间步，即从微博发布到随后的 1440 个时间步被视为一个周期（1440 min）。

（2）a，b，c，d 为信息时效性函数的拟合参数。为了处理不同模式的情况，对于模式一与模式二，这两种较为类似的模式，可以采用模式一中信息时效性实际参数的均值作为这两种模式下的参数值；对于模式三，采用分段函数的思想拟合其时效性。结合实际数据，计算出从初始时间步到 t_end 时间步内的信息时效性衰减系数，对实际数值拟合的系数进行修正，即利用公式 $\alpha = -\dfrac{1}{t\_end} \cdot \ln\left(\dfrac{C_{init}}{C_{finish}}\right)$ 替代信息时效性参数中的 b；如果 t_end＜Step＜1440，那么重新拟合区间[t_end, 1440]的时效性，并将 t_end 时间步的真实时效性作为系数赋给新的时效性拟合表达式；当时间步 Step＞1440 时，同样地，信息时效性则被赋予一个极小的阈值。

（3）由于实际数据中群体转发率随时间步的增长呈现出衰减趋势，通过多次实验发现，当 λ 为负值时，仿真结果得到的群体转发率才符合真实情况，因此假定参数 $\lambda = -1$。

（4）$N(t)$ 为 t 时间步浏览到微博信息 i 的用户数量，借鉴节点批量到达的泊松网络模型生成。

（5）$M(t)$ 为 t 时间步转发微博信息 i 的用户数量，即微博信息 i 在 t 时间步获得的转发量。由式 $M(t) = P(\Delta t) \times N(t)$ 计算得到。

（6）p_1，p_2 分别表示信息时效性与群体转发率的影响权重。以模式一为例，假定在微博发布后的前 1440 个时间步中，相较于群体转发率，微博信息的时效性具有更大的影响权重；当超过 1440 个时间步后，信息时效性会急速衰减，此时通过前期群体中的较高的群体转发率累积，会使得微博信息能够达到较大的累计转发量，那么从众效应将发挥作用影响后续用户的转发决策，此时赋予群体转发率更多的影响权重。因此，当 Step $\leqslant T$ 时，$p_1 \geqslant p_2$；当 Step $> T$ 时，$p_1 \leqslant p_2$，即 p_1 和 p_2 取值互换。模式二和模式三将在模式一的基础上，通过仿真实验不断调整优化。

（7）t_stop 为一次模拟终止步长，单位为 min。

根据模型及参数分析，模型仿真的主控流程图如图 6.11 所示。

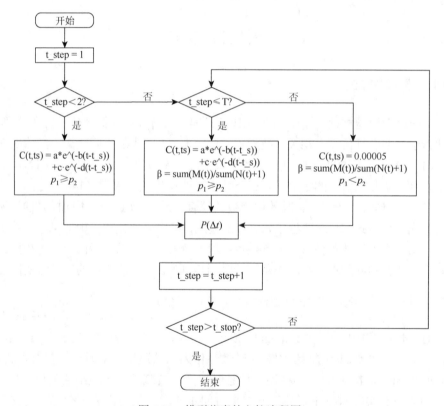

图 6.11　模型仿真的主控流程图

根据上述模型进行仿真。其中，周期阈值为 1440 min（步长为 1 min），$p_1 = 0.5$，$p_2 = 0.5$，t_stop $= 14400$，按照模式一设置信息时效性的相关参数。模型运行 50 次后，所获转发行为的时间间隔分布幂指数结果如图 6.12 所示。可以发现，幂指数值为 0.8～2.1，均值为 1.3667。有 42 条微博的幂指数大于 1，占比为 84%。

由于信息时效性参数的取值来自模式一，因此 50 次仿真结果中无一例外，转发模式均属于模式一。

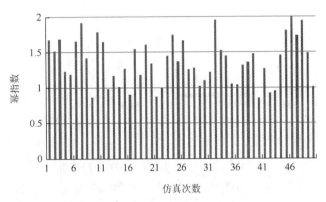

图 6.12　50 次仿真的幂指数结果

图 6.13 展示了某一次微博转发仿真的模拟结果。

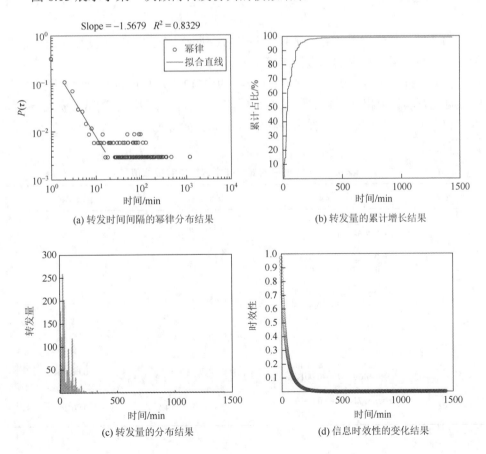

(a) 转发时间间隔的幂律分布结果　　　　(b) 转发量的累计增长结果

(c) 转发量的分布结果　　　　(d) 信息时效性的变化结果

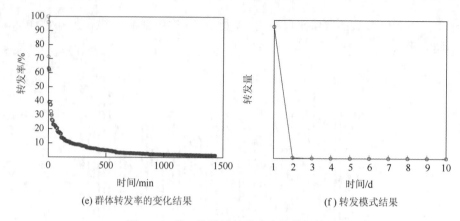

(e) 群体转发率的变化结果　　　　　　　(f) 转发模式结果

图 6.13　某一次微博转发仿真的模拟结果

图 6.13（f）纵轴为仿真数值，与实际数值不是一个数量级，在本书中仿真目的是证明转发模式，故不对具体数值
进行标注

6.3.2　模型验证

为了进一步验证基于社会影响理论的社交网络信息发布-转发行为动力学模型的科学性，需要利用实际数据进行验证。

首先，针对图 6.1 描述的用户（ID = 1691761292）发布的 6 个样本微博的实际数据进行验证，相关参数取值见表 6.4。其中，样本 1 和样本 2 属于模式一，样本 3 和样本 4 属于模式二，样本 5 和样本 6 属于模式三。

表 6.4　一位用户的 6 个样本的相关参数取值

样本	信息时效性参数	权重参数	修正系数
1	$a = 0.5025$　$b = -0.0157$ $c = 0.4967$　$d = -0.0407$	$p_1 = 0.45$,　$p_2 = 0.55$	—
2	$a = 0.5025$　$b = -0.0157$ $c = 0.4967$　$d = -0.0407$	$p_1 = 0.5$,　$p_2 = 0.5$	—
3	$a = 0.5025$　$b = -0.0157$ $c = 0.4967$　$d = -0.0407$	$p_1 = 0.65$,　$p_2 = 0.35$	—
4	$a = 0.5025$　$b = -0.0157$ $c = 0.4967$　$d = -0.0407$	$p_1 = 0.55$,　$p_2 = 0.45$	—
5	$a = 0.5571$　$b = -0.00407$ $c = 0.4469$　$d = -0.001216$	$p_1 = 0.6$,　$p_2 = 0.4$	0.00115
6	$a = 0.5571$　$b = -0.00407$ $c = 0.4469$　$d = -0.001216$	$p_1 = 0.575$,　$p_2 = 0.42$	0.00199

　　依据该位用户的 6 个样本数据，利用 MATLAB 工具分别循环仿真 50 次。图 6.14 展示了用户（ID = 1691761292）的 6 个样本的实际幂指数与一次仿真幂指数结果，两者不仅均服从幂律分布，而且具有显著的肥尾效应。

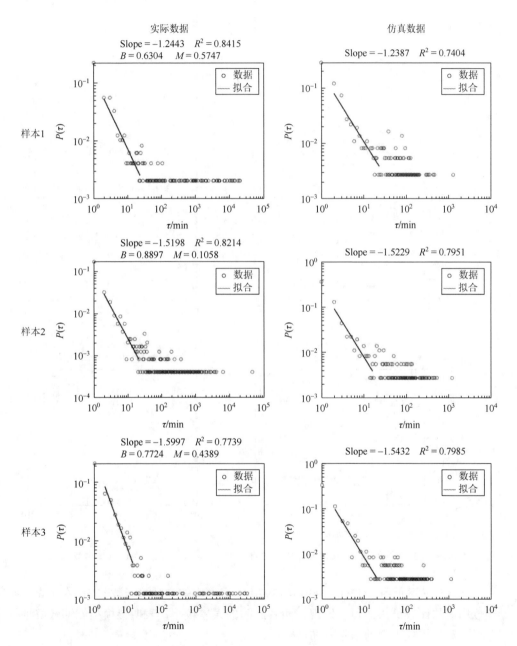

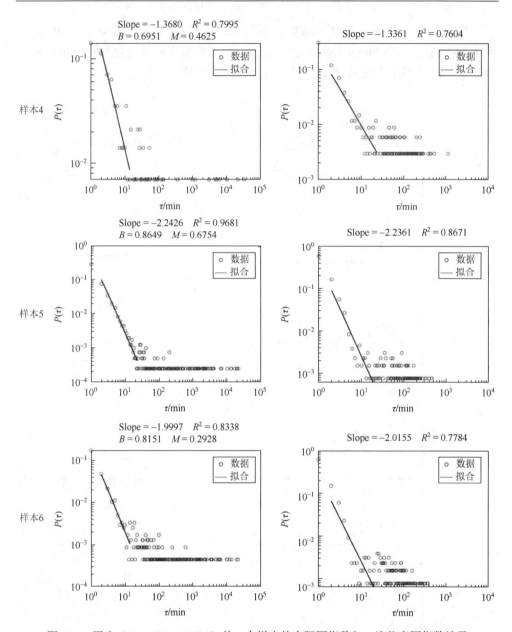

图 6.14　用户（ID = 1691761292）的 6 个样本的实际幂指数与一次仿真幂指数结果

　　表 6.5 描述了用户（ID = 1691761292）6 个样本的实际幂指数与 50 次仿真幂指数均值的比较结果。可以发现，两者之间的误差较小，表明该模型能够较好地再现一对多模式下微博信息发布-转发行为规律。

表 6.5　用户（ID = 1691761292）6 个样本的实际幂指数与 50 次仿真幂指数均值的比较结果

样本	实际幂指数	50 次仿真幂指数均值
1	1.2443	1.2884
2	1.5198	1.5228
3	1.5997	1.6014
4	1.368	1.3673
5	2.2426	2.2727
6	1.9997	2.0037

图 6.15 进一步展示了样本 6 的一次仿真结果。

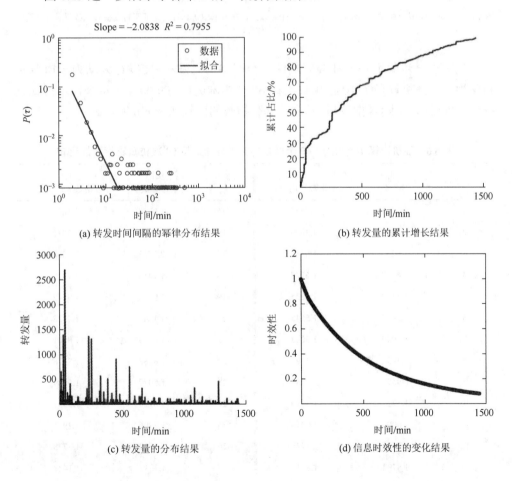

(a) 转发时间间隔的幂律分布结果　　　　(b) 转发量的累计增长结果

(c) 转发量的分布结果　　　　(d) 信息时效性的变化结果

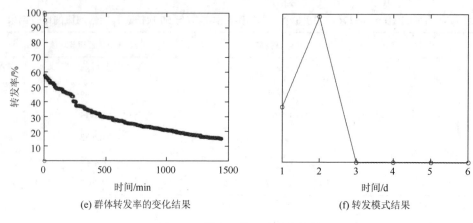

(e) 群体转发率的变化结果　　　　　　　(f) 转发模式结果

图 6.15　样本 6 的一次仿真结果

图 6.15（f）纵轴为仿真数值，与实际数值不是一个数量级，在本书中仿真目的是证明转发模式，故不对具体数值进行标注

为了进一步验证基于社会影响的社交网络信息发布-转发行为动力学模型的科学性，又随机选择了 10 位用户共计 60 个样本进行仿真验证。每个样本仿真数据运行 50 次，实际幂指数与 50 次仿真幂指数的比较如表 6.6 所示。

表 6.6　随机选择 10 位用户 60 个样本的实际幂指数与 50 次仿真幂指数的比较

序号	实际 幂指数	仿真 幂指数（均值）	序号	实际 幂指数	仿真 幂指数（均值）
1	1.7197	1.7275	15	1.0954	1.1012
2	1.3955	1.4006	16	1.3873	1.3912
3	1.6257	1.6382	17	2.1782	2.1808
4	1.6177	1.6218	18	1.1419	1.1318
5	1.5158	1.5235	19	1.9006	1.9142
6	1.5357	1.5545	20	1.1248	1.1228
7	1.5049	1.5048	21	1.8143	1.8201
8	1.3037	1.4092	22	1.8382	1.8478
9	0.9593	1.0987	23	1.5077	1.5089
10	1.5227	1.5314	24	1.6129	1.5931
11	1.0006	1.0910	25	1.2996	1.2951
12	1.7626	1.7726	26	1.4612	1.4778
13	1.8792	1.8817	27	1.1312	1.1488
14	1.3956	1.4091	28	2.0293	2.1338

续表

序号	实际 幂指数	仿真 幂指数（均值）	序号	实际 幂指数	仿真 幂指数（均值）
29	0.9520	1.0546	45	1.2197	1.2253
30	1.4817	1.4905	46	1.3629	1.3785
31	1.4912	1.4979	47	1.6136	1.6261
32	1.2421	1.2419	48	2.0199	2.0635
33	1.5067	1.5054	49	1.4402	1.4550
34	1.0437	1.1193	50	1.4400	1.4698
35	1.3739	1.3755	51	1.3861	1.3982
36	1.4277	1.4341	52	1.6594	1.6687
37	1.5191	1.5165	53	1.0853	1.1041
38	1.6894	1.6896	54	1.2808	1.2822
39	1.3591	1.3800	55	1.1029	1.1674
40	1.5080	1.5147	56	1.4064	1.4156
41	1.4458	1.4558	57	1.6470	1.6556
42	2.1033	2.1343	58	1.3322	1.3427
43	1.3111	1.3272	59	1.2260	1.2691
44	1.7099	1.7086	60	1.1730	1.0589

经计算，60 个样本实际幂指数与各自 50 次仿真幂指数之间的误差较小，进一步表明，本章所构建的基于社会影响的社交网络信息发布-转发行为动力学模型能够较好地模拟一对多模式下微博信息发布-转发行为，具有一定的科学性。

第7章 多对多模式下社交网络信息发布-评论行为研究

多对多模式是从群体层面、多个信息传递者视角观察社交网络信息交流行为。每一个信息传递者都对应了多个信息接收者，从而形成了多对多的交互关系。按照信息接收者信息反馈行为的不同，多对多模式下的信息交流行为可以有不同的表现形式。本章主要考察群体层面多对多模式下，多个信息传递者的信息发布行为与多个信息接收者的信息评论行为共同形成的信息发布-评论行为实证统计规律，并揭示其内在生成机制，探索相应的人类动力学模型。

7.1 多对多模式下社交网络信息发布-评论行为实证分析

7.1.1 数据描述

从数据集 B 中抽取具有发布-评论的微博 77507 条，提取其发布者 ID、发布微博 ID、发布时间、发布微博获得的转发数、发布微博获得的点赞数、评论者 ID 及评论时间等信息，其中发布者 290 人，评论者 691274 人，评论数 1994273 条，具体数据格式如表 7.1 和表 7.2 所示。

表 7.1　微博发布的数据格式

发布者 ID	发布微博 ID	发布时间	发布微博获得的转发数	发布微博获得的点赞数
1142648704	4082307541705366	2017-03-06 14:23:00	761	3753
1142648704	4082307541705366	2017-03-06 14:23:00	761	3753
⋮	⋮	⋮	⋮	⋮
1691761292	4062782292802950	2017-01-11 17:17:00	394	2133
1691761292	4062782292802950	2017-01-11 17:17:00	394	2133
⋮	⋮	⋮	⋮	⋮

表 7.2　微博评论的数据格式

发布者 ID	发布微博 ID	评论者 ID	评论时间
1142648704	4082307541705366	1449712800	2017-03-06 14:25:00
1142648704	4082307541705366	5019318393	2017-03-06 14:44:00
⋮	⋮	⋮	⋮
1691761292	4062782292802950	5228458998	2017-01-11 17:22:00
1691761292	4062782292802950	2935531291	2017-01-11 17:32:00
⋮	⋮	⋮	⋮

7.1.2　基本统计分析

虽然时间间隔、等待时间等指标是人类动力学的关键指标，但是多对多模式下微博信息发布–评论行为包含着数量众多的信息传递者和信息接收者，每个时间步都会产生大量的微博信息发布–评论行为，使得时间间隔、等待时间等指标出现"钝化"。由此，此部分的基本统计分析主要利用增长特性、波动性、频数分布、相关性、活跃度等指标揭示多对多模式下微博信息发布–评论行为的相关规律。

1. 微博信息发布行为的增长特性

对表 7.1 的微博发布数据集进行分析，假设时间是离散的，起始时刻记为 $t = 0$，时间单位为 min，将实际时间换算为相应的时间步，按照时间先后顺序对其进行排序，同时，统计同一时间步新增微博数（新增微博信息发布行为数）并进行汇总，做出新增微博数随时间的变化统计图，如图 7.1 所示。

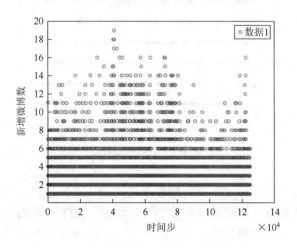

图 7.1　新增微博数随时间的变化统计图

从图 7.1 可知，新增微博数随时间呈不规则变化，但整体而言，新增微博数分布集中在[1, 10]上，表 7.3 描述了单位时间新增微博数的统计参数。

表 7.3　单位时间新增微博数的统计参数

参数名称	参数值
最小值	1
最大值	19
平均值	1.645
中值	1
众数	1
标准方差	1.101
极差	18

表 7.3 的统计结果显示，每个时间步新增微博数的差异较小，且大多数时间步新增的微博数为 1。为进一步分析，提取[1, 10]内的数据（图 7.2），可知每一时间步新增的微博数更集中于[1, 5]内，从频数统计来看，新增微博数在该范围的概率为 99.14%。

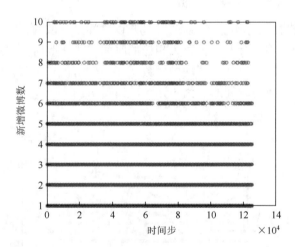

图 7.2　在区间[1, 10]内的新增微博数随时间的变化统计图

可见，随着时间推移，微博新增数在总体上呈增长趋势，但每分钟的增长幅度并不大，新增微博数集中在一个较小的区间内。以[1, 5]内的数据为研究对象，横坐标表示时间步，纵坐标表示每个时间步对应的微博发布累计数，微博发布累计数与时间呈正比例相关，呈指数分布，如图 7.3 所示。

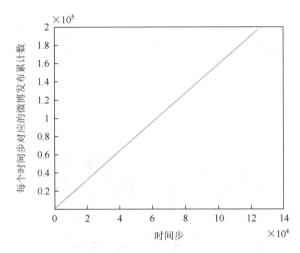

图 7.3　在区间[1, 5]内的新增微博数的累计数量分布图

对图 7.3 中的数据进行拟合后发现，微博发布累计数与时间呈正比例相关，呈线性增长，相关参数如表 7.4 所示。

表 7.4　区间[1, 5]内的新增微博数的累计数量的描述统计参数表

拟合的曲线方程	系数（with 95% confidence bounds）		拟合优度	
	a	b	R^2	Adjusted R^2
$f(x) = ax + b$	0.7473（0.7473, 0.7474）	2485（2487, 2496）	0.9997	0.9997

2. 微博信息评论行为的增长特性

对表 7.2 的微博评论数据集进行分析，假设时间是离散的，起始时刻记为 $t = 0$，时间单位为 min，将实际时间换算为相应的时间步，按照时间先后顺序对其进行排序。同时，统计同一时间步新增微博评论数（新增微博信息评论行为数）并进行汇总，做出新增微博评论数随时间的变化统计图，如图 7.4 所示。

单位时间新增微博评论数的统计参数如表 7.5 所示。每个时刻的新增微博评论数差距较大，大多数时刻新增微博评论数为 1 但均值为 7.73，中值为 6，可知存在微博评论数批量到达的情况。

将新增微博评论数从大到小排序，选取大评论数中相对密集出现的一天（即 2017 年 6 月 30 日），分析新增微博评论数在一天的变化趋势，结果如图 7.5 所示。最高点为 13:12，对应一个大 V 用户发布的一条微博，短时间内引起大量微博评论。图 7.5 所示内容与正态分布相似，坡度较陡，表明新增微博评论数在短时间内迅速增长，呈批量到达的特点。

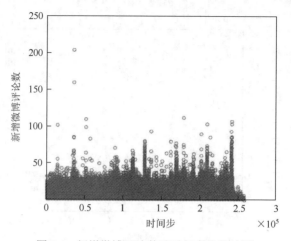

图 7.4　新增微博评论数随时间变化统计图

表 7.5　单位时间新增微博评论数的统计参数

参数名称	参数值
最小值	1
最大值	204
平均值	7.73
中值	6
众数	1
标准方差	6.335
极差	203

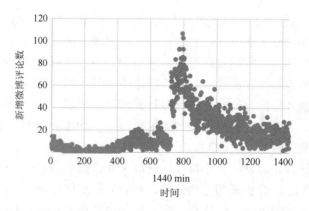

1440 min
时间

图 7.5　2017 年 6 月 30 日微博评论数随时间变化的趋势图

3. 群体层面的波动性

针对群体层面的微博信息发布行为（微博发布数）和微博信息评论行为（微博评论数）分别展开波动性分析，结果分别如图 7.6 和图 7.7 所示。两图的变化趋势相似，且相关系数为 0.93。具体而言，0~3 时，微博发布数与评论数都随着时间的推移而逐渐减少，3 时之后，微博发布数与评论数都随着时间的推移而逐渐增加，不同的是，微博发布数在 10 时达到第一个峰值；10~24 时，微博发布数呈轻微起伏变化，在 21 时达到第二个峰值；微博评论数在 3 点后逐渐增加，9 时时达到第一个峰值，随后微博评论数开始下降，9~24 时微博评论数也呈轻微起伏变化，在 22 时达到第二个峰值。值得注意的是，微博发布数在 24 h 内的均值为 8571，微博评论数的均值为 83094，微博发布数和评论数在各自的第一个峰值之后几乎都在各自的均值之上。

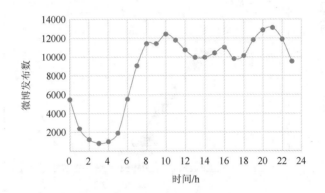

图 7.6　群体层面微博信息发布行为波动性分析结果

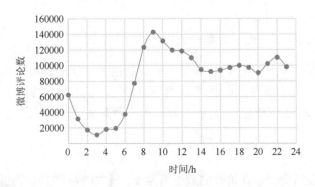

图 7.7　群体层面微博信息评论行为波动性分析结果

4. 微博评论数频数分布

根据统计结果，77507 条微博所获得的信息评论行为数量（评论数）差异很大，最多的评论数为 35984，最少的评论数为 1，均值约为 25。设定获得 1～30 条评论的微博为低评论组，该组有 63858 条微博，占微博总数的 82.87%；设定获得大于30 条评论的微博为高评论组，该组有 13199 条微博，占微博总数的 17.13%。统计每条微博获得的评论数，做出双对数坐标下微博评论数频数分布图（图 7.8），可以发现满足幂指数为 1.6659 的幂律分布。

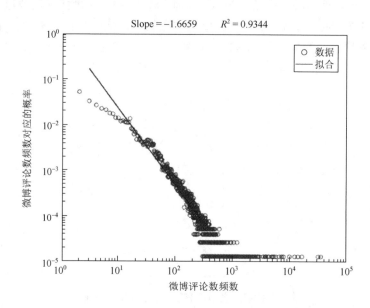

图 7.8　双对数坐标下微博评论数频数分布图

5. 微博评论数与转发点赞数相关性

双对数坐标下微博评论数与转发点赞数的相关性分析如图 7.9 所示，总体上呈现正向相关，即微博评论数越多，相应的转发点赞数也越多，反之亦然。对数据进行拟合，得到对应的拟合直线，相应的参数见表 7.6。

6. 微博评论者活跃度

经统计，微博评论者评论数的最小值为 1，最大值为 8970，均值为 2.88，可见其活跃度极不均匀。做出双对数坐标下微博评论者评论数概率分布图（图 7.10），可以发现满足幂指数为 2.5208 的幂律分布。

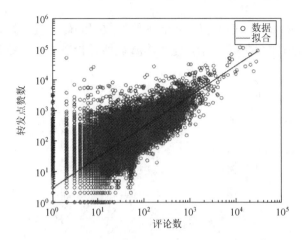

图 7.9　双对数坐标下微博评论数与转发点赞数的相关性分析

表 7.6　微博评论数与转发点赞数的相关关系描述统计参数表

拟合的曲线方程	系数（with 95% confidence bounds）		拟合优度		
	a	b	R^2	Adjusted R^2	均方根误差
$f(x)=ax+b$	0.9206（0.9162, 0.925）	0.623（0.6179, 0.628）	0.6938	0.6938	0.4163

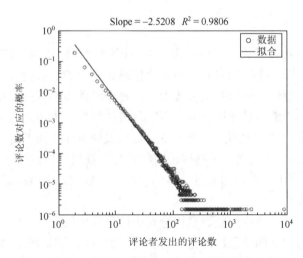

图 7.10　双对数坐标下微博评论者评论数概率分布图

　　进一步对其进行 min–max 标准化处理，即经过对原始数据的线性变换，使结果落在[0, 1]的区间中，计算公式如式（7.1）所示：

$$x^* = \frac{x - \min}{\max - x} \tag{7.1}$$

式中：max 为原始数据的最大值；min 为原始数据的最小值。微博评论者评论数归一处理后的取值如图 7.11 所示，绝大多数微博评论者的评论数都在[0, 0.01]上。

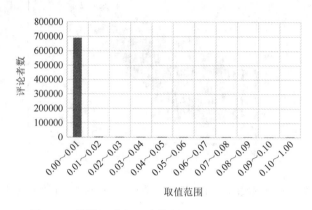

图 7.11　微博评论者评论数归一处理后的取值范围

7.2　基于二分网络演化的社交网络信息发布-评论行为动力学模型构建

7.2.1　生成机制分析

群体层面多对多模式下微博信息发布-评论行为的生成机制符合社会交互机制的应用场景，即多个信息发布者与多个信息评论者的社会交互。相较于个体层面点对点模式、群体层面一对多模式而言，每个时间步都有可能产生大量的微博信息发布行为和微博信息评论行为，不能从时间维度上去考虑人类动力学模型的应用问题。依据 7.1.2 节的统计分析结果，可以发现群体层面多对多模式下微博信息发布-评论行为使得最终的微博评论数频数分布满足幂指数为 1.6659 的幂律分布，从而找到了利用人类动力学进行群体层面多对多模式下微博信息发布-评论行为建模的基本线索。

具体而言，微博评论数频数幂律分布规律是群体层面微博信息发布行为和微博信息评论行为交互的结果，而这个交互的过程可以利用二分网络演化来模拟，即微博和微博评论两类节点共同形成一个二分网络，随着时间的推移，两类节点不断增加，彼此之间的连接状态也在动态变化（易兰丽，2012）。

依据图 7.3 和表 7.4 的分析结果，新增微博数呈线性增长趋势，依据图 7.4 和表 7.5 的分析结果，微博评论数存在批量到达，由此可以构建两类节点的动态增长机制。

同时，结合 7.1.2 节的相关分析结果，对于两类节点的连接机制可以从微博已获评论数、微博影响力、信息可见度等三个方面综合考虑。首先，微博影响力无疑是决定新增评论是否与之连接的重要因素，但是随着时间的推移，微博影响力在逐渐衰减。其次，由图 7.8 可知，只有少数微博获得大量的评论，绝大多数微博仅获得少数评论，因此可以说明优先连接机制存在于两类节点的动态连接过程之中。事实上，这也符合 Barabási 等（1999）提出的优先连接概念，即在很多真实的网络中，新的边更倾向于连接那些度大的点。由此，微博已获评论数是影响新增评论是否与之连接的重要因素之一。最后，依据图 7.7 群体层面微博信息评论行为波动性分析结果，可以发现在一天的 24 h 中，微博评论在数量上随着时间的推移呈现出明显的变化的趋势，可认为信息可见度也是影响两类节点连接关系的重要因素之一。考虑到微博的评论行为主要集中在微博发布后的一天以内，同时结合微博用户的生理作息，将 24 h 中的 0~7 时视为低可见度、7~24 时视为高可见度。

7.2.2　模型规则描述

按照以上生成机制，在借鉴已有人类动力学模型的基础上，构建基于优先连接的微博信息发布–评论行为动力学模型，具体描述如下。

（1）假定群体用户发布、评论微博的时间是离散的，时间步长的最小单位为 min。

（2）假定在初始时刻微博数为 m_o，随后在每个时间步微博数随时间呈线性增长，则经过 t 个时间步后，微博总数 $m = m_o + m_t$。

（3）假定针对微博的新增评论数呈现批量达到规律，主要受到微博影响力和评论者活跃度的影响。借鉴节点批量到达的 Poisson 网络模型，假设新增评论数按批次到达，在 t 时刻新增 $[N(t)]^\theta$ 个评论（孙红英 等，2017；郭进利 等，2007）。其中，θ 为大于零的整数，用来调节新增评论数的非线性增长程度。$N(t)$ 为 t 时刻评论数以到达率 λ 的 Poisson 过程到达的数量。在此基础上，引入微博影响力和评论者平均活跃度因素进行调节，此时 t 时刻新增评论数 c_t 如式（7.2）所示：

$$c_t = \frac{1}{m} \sum_i^m h(i) \times l \times [N(t)]^\theta \qquad (7.2)$$

式中：l 为评论者平均活跃度参数；$h(i)$ 为微博 i 的影响力。$h(i)$ 的计算公式如式（7.3）所示：

$$h(i) = \alpha \times e^{\frac{t-t_i}{\sigma}} \qquad (7.3)$$

式中：α 是评论微博 i 的微博用户数占微博总用户数的比值，用于调节微博影响力值的大小，$\alpha \in [0,1]$，高评论组微博对应 $\alpha = \alpha_{large}$，低评论组微博对应 $\alpha = \alpha_{small}$；t_i 表示微博 i 出现的时间；t 表示当前时刻；σ 用来衡量微博 i 获得的认可水平，计算方法如式（7.4）所示：

$$\sigma = \frac{f_i}{f_{\max}} \qquad (7.4)$$

式中：f_i 表示微博 i 获得的转发点赞数；$f_{\max}$ 表示所有微博中所获转发点赞数的最大值；$\sigma \in (0,1]$。高评论组微博对应 $\sigma = \sigma_{\text{large}}$，低评论组微博对应 $\sigma = \sigma_{\text{small}}$。

（4）新增评论与微博的连接：微博已获得的评论数对新增评论是否选择与之连接的贡献为 p_1，相应的微博影响力对新增评论是否与之连接的贡献为 $1-p_1$；新增评论以概率 p_2 连接微博评论数大的微博，以概率 $1-p_2$ 随机连接已有微博（Liu et al.，2002）；信息可见度对新增评论连接的概率贡献为 p_3。$p_1,p_2,p_3 \in (0,1]$。

由此，新增评论与微博 i 连接的概率 $\Pi(i)$ 如式（7.5）所示（易兰丽，2012）：

$$\Pi(i) = p_3 \left\{ p_1 \left[\frac{p_2 \times k_i + (1-p_2)}{\sum_j (p_2 \times k_j + (1-p_2))} \right] + (1-p_1) \times h(i) \right\} \qquad (7.5)$$

式中：k_i 表示微博 i 已获得的评论数；$\sum_j k_j$ 表示所有微博获得的评论总数；p_3 分为高可见度 p_{3_high} 和低可见度 p_{3_low}。

7.3　模型仿真与验证

7.3.1　参数设置

按照以上模型规则，利用 MATLAB 工具编程对多对多模式下微博信息发布-评论行为进行动力学模型仿真。相关参数设置主要依据 7.1 节中的实际数据，具体如下。

（1）设定 T 为 1440，即针对每条微博，模型仿真 1440 个时间步（分钟）内的评论行为。

（2）模型假设新增评论数参照节点批量到达的 Poisson 网络模型，根据表 7.5 可知单位时间新增微博评论数的均值为 7.73，因此设定批量到达率 λ 的值为 7。

（3）l 是调节评论者活跃度的参数，取值为[0, 1]。

（4）α 是调节微博影响力值的参数，用评论微博 i 的微博用户数占微博总用户数的比值来表示，取值为[0, 1]。其中，高评论组微博对应 $\alpha = \alpha_{\text{large}}$，低评论组微博对应 $\alpha = \alpha_{\text{small}}$。

（5）σ 是微博 i 获得的转发点赞数与所有微博中所获转发点赞数的最大值的比值，取值为(0, 1]。其中，高评论组微博对应 $\sigma = \sigma_{\text{large}}$，低评论组微博对应 $\sigma = \sigma_{\text{small}}$。

（6）p_1 为微博已获得的评论数影响新增评论选择与之连接的概率，$1-p_1$ 为微博影响力影响新增评论选择与之连接的概率；基于优先连接机制，假设 p_2 为新增评论优先连接微博评论数大的微博的概率，$1-p_2$ 为随机连接已有微博的概率；p_3 为信息可见度影响新增评论连接的概率，分为高可见度 p_{3_high} 和低可见度 p_{3_low}。p_1、p_2、p_3 的取值均为 $(0,1]$。

根据模型及参数分析，模型仿真的主控流程图如图 7.12 所示。

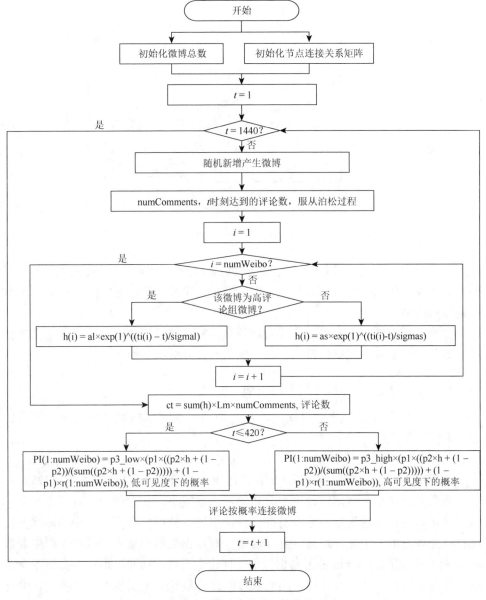

图 7.12　模型仿真的主控流程图

根据上述模型进行数值模拟仿真。在某一次的数值模拟中，设定 $T = 1440$，模型参数的取值分别为 $\alpha_{\text{large}} = 0.4$，$\alpha_{\text{small}} = 0.6$，$\sigma_{\text{large}} = 0.5$，$\sigma_{\text{small}} = 0.2$，$\theta = 4$，$\lambda = 7$，$p_1 = 0.3$，$p_2 = 0.9$，$p_{3\_\text{high}} = 0.3$，$p_{3\_\text{low}} = 0.7$，$l = 0.005$，双对数坐标下某一次仿真的微博评论数频数分布图如图 7.13 所示。

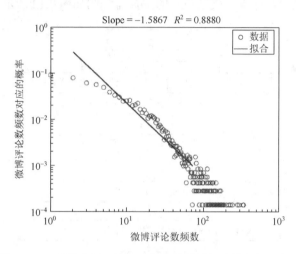

图 7.13　双对数坐标下某一次仿真的微博评论数频数分布图

可以看出，上述参数取值下的幂指数仿真结果（1.5867）与实际数据的幂指数（1.6659）有一定差异，需要进一步讨论相关参数对幂指数的影响，来确定参数的取值。

在通过仿真考查不同参数变化对评论数概率分布的影响时，除当前需要考察的参数外，其余参数取值保持一致。详细的参数分析结果如下。

1. α_{large}、α_{small} 参数对幂指数的影响

固定其他参数值，分别对 α_{large}、α_{small} 取值，观察幂指数值的变化，得到如表 7.7 的仿真结果。

从图 7.14 幂指数随参数 α_{large}、α_{small} 的变化情况可知，整体而言，参数 α_{large}、α_{small} 对幂指数均为负向影响，即评论微博的用户数越多，微博获得的评论数越多，评论频数差异越小，微博评论频数分布的幂指数越小，从而在一定程度上缓解了微博评论数不均匀的现象。分别对高低评论组进行分析，高评论组中的曲线变化趋势比低评论组的明显，由此可得参数 α_{large} 对幂指数的影响大于低评论组中参数 α_{small} 对幂指数的影响。这是因为相较于低评论组而言，高评论组中的微博本身吸引了大量的用户对其进行评论，因此获得的评论数较多，基数大，当参数 α 变化时，相应地，微博新增的评论用户也较多，使得新增的评论数也较大，因此造成

表 7.7　参数 α_{large}、α_{small} 不同取值下的幂指数值变化情况

α_{large}	幂指数	α_{small}	幂指数
0.1	2.1785	0.1	1.6530
0.2	2.2050	0.2	1.6342
0.3	1.8080	0.3	1.7291
0.4	1.9066	0.4	1.5892
0.5	1.8630	0.5	1.6763
0.6	1.7539	0.6	1.4962
0.7	1.7989	0.7	1.4557
0.8	1.7102	0.8	1.4918
0.9	1.6774	0.9	1.4746

微博间的评论数差距仍较大，虽然在一定程度上缩小了微博评论数分布不均的差距，但评论频数分布仍有差距，存在较明显的两极分化情况。而当参数 α 变化时，低评论组的变化幅度没有高评论组那么明显，因此，从整体而言，高评论组的幂指数都大于低评论组的幂指数。

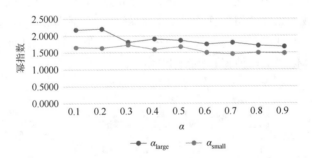

图 7.14　幂指数随参数 α_{large}、α_{small} 的变化情况

2. σ_{large}、σ_{small} 参数对幂指数的影响

固定其他参数值，分别对 σ_{large}、σ_{small} 取值，观察幂指数值的变化，得到如表 7.8 所示的仿真结果。

表 7.8　参数 σ_{large}、σ_{small} 不同取值下的幂指数值变化情况

σ_{large}	幂指数	σ_{small}	幂指数
0.1	1.7530	0.1	1.6382
0.2	1.8519	0.2	1.6748

续表

σ_{large}	幂指数	σ_{small}	幂指数
0.3	1.8156	0.3	1.6889
0.4	1.8063	0.4	1.6978
0.5	1.7341	0.5	1.6618
0.6	1.7104	0.6	1.6524
0.7	1.6637	0.7	1.6683
0.8	1.6371	0.8	1.7263
0.9	1.6372	0.9	1.8107

　　从图 7.15 幂指数随参数 σ_{large}、σ_{small} 的变化情况可知，整体而言，参数 σ_{large} 对幂指数的影响是负向的，参数 σ_{small} 对幂指数的影响是正向的。对于高评论组而言，组内的差异本身较大，即头部用户与尾部用户的评论数差距巨大，而头部用户因本身的粉丝量大，因转发点赞数的差异造成的变化幅度小，相较于头部用户，尾部用户本身的粉丝量较小，因转发点赞数的差异造成的变化幅度大，因此当参数 σ_{large} 变大，获得的转发点赞数变多，微博获得的认可度增大，传播范围变广，促进微博获得评论数增多，这一影响变化在头部用户不明显，在尾部用户明显，从而在整体上缩减了高评论组的评论数分布差距，使得幂指数变小。对于低评论组而言，组内差异本身较小，当参数 σ_{small} 变大时，微博的评论数出现较大差异，加重评论数两极分化情况，使得幂指数变大。

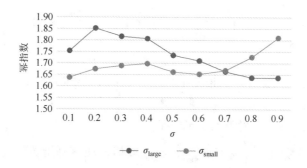

图 7.15　幂指数随 σ_{large}、σ_{small} 的变化情况

　　值得注意的是，在参数 σ 为 0.7 之前，高评论组的幂指数均高于低评论组，这表明，当低评论组中的微博转发点赞数不到最大值的 70% 时，低评论组中的评论数相较高评论组而言，分布较为均匀，当低评论组中的微博转发点赞数超过最大值的 70% 时，低评论组中评论数的两极分化情况大于高评论组。

3. p_1、p_2 参数对幂指数的影响

固定其他参数值，分别对 p_1、p_2 取值，观察幂指数值的变化，得到如表 7.9 所示的仿真结果。

表 7.9　参数 p_1、p_2 不同取值下的幂指数值变化情况

p_1	幂指数	p_2	幂指数
0.1	1.5953	0.1	1.8638
0.2	1.6577	0.2	1.9063
0.3	1.5935	0.3	1.8414
0.4	1.6221	0.4	1.7695
0.5	1.6389	0.5	1.7103
0.6	1.6408	0.6	1.6278
0.7	1.6739	0.7	1.5253
0.8	1.6904	0.8	1.6415
0.9	1.8817	0.9	1.6655

微博已获得的评论数对于新增评论连接该微博的概率为 p_1，相应的微博影响力对新增评论连接该微博的概率为 $1-p_1$，新增评论优先连接评论数大的微博的概率为 p_2。从图 7.16 中幂指数随参数 p_1、p_2 的变化情况可知，整体而言，参数 p_1 对幂指数呈正向影响，参数 p_1 越大，$1-p_1$ 越小，则幂指数越大，但是幂指数的变化不是很明显，整体变化趋于平缓；参数 p_2 对幂指数呈负向影响，参数 p_2 越大，幂指数越小，且变化趋势较为明显。可见，优先连接在新增评论的连接中的作用更大。

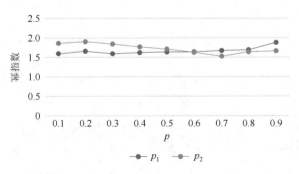

图 7.16　幂指数随参数 p_1、p_2 的变化情况

4. p_{3_high}、p_{3_low} 参数对幂指数的影响

固定其他参数值，分别对 p_{3_high}、p_{3_low} 取值，观察幂指数值的变化，得到如表 7.10 所示的仿真结果。

表 7.10　参数 p_{3_high}、p_{3_low} 不同取值下的幂指数值变化情况

p_{3_high}	幂指数	p_{3_low}	幂指数
0.1	1.6841	0.1	1.6105
0.2	1.6879	0.2	1.6716
0.3	1.6323	0.3	1.6501
0.4	1.6145	0.4	1.7047
0.5	1.6106	0.5	1.6543
0.6	1.6403	0.6	1.7099
0.7	1.6338	0.7	1.6506
0.8	1.6255	0.8	1.6768
0.9	1.6665	0.9	1.6605

信息可见度对新增评论连接的概率贡献为 p_3，p_3 分为高可见度 p_{3_high} 和低可见度 p_{3_low}。从图 7.17 幂指数随参数 p_{3_high}、p_{3_low} 的变化情况，可以看出参数 p_{3_high}、p_{3_low} 对幂指数的影响是波动不均匀的，在它们逐步增大的过程中，幂指数呈波动状态，且低可见度的幂指数的波动较大，说明幂指数对低可见度的变动更敏感，这表明在 0～7 点的低可见度对新增评论连接的影响比 7～24 点的高可见度对新增评论连接的影响更大。

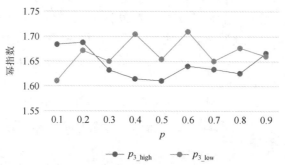

图 7.17　幂指数随参数 p_{3_high}、p_{3_low} 的变化情况

7.3.2　模型验证

为了进一步验证基于二分网络演化的微博信息发布-评论行为动力学模型的

科学性，需要利用实际数据进行验证。依据 7.3.1 节和 7.3.2 节的分析，相关参数设置如下。

（1）$T = 1440$。

（2）α 是调节微博影响力值的参数，用评论微博 i 的微博用户数占微博总用户数的比值来表示，参照图 7.14 的结果，当 $\alpha_{large} = 0.9$，$\alpha_{small} = 0.1$ 时，二者对应的幂指数差异最小，表明仿真结果更为稳定，因此 $\alpha_{large} = 0.9$，$\alpha_{small} = 0.1$。

（3）σ 是微博 i 获得的转发点赞数与所有微博中所获转发点赞数的最大值的比值，参照图 7.15 的结果，二者对应的幂指数差异最小，仿真结果更为稳定，故 $\sigma_{large} = 0.9$，$\sigma_{small} = 0.1$。

（4）参照图 7.16 的结果，参数 p_1 在[0.2, 0.8]区间上的变动对于幂指数的影响较小，因此取该区间的中间值作为参数 p_1 的取值，即 $p_1 = 0.5$。

（5）基于优先连接机制，结合微博评论数频数分布的情况，高低评论组获得的评论总数比值为 0.8 : 0.2，因此设定 $p_2 = 0.8$。

（6）图 7.17 的结果表明，参数 p_3 对幂指数的影响是波动不均匀的，需要主观设定。经过多次仿真实验，当其他参数固定，p_{3_high} 取 0.8 时，p_{3_low} 取 0.3 时，仿真幂指数的结果更为稳定，故 $p_{3\_high} = 0.8$，$p_{3\_low} = 0.3$。

（7）θ 为大于零的整数，用来调节新增评论数的非线性增长程度。由于是指数级增长，且模型中需要分别计算微博信息在各个时刻的具体情况，对计算机的运算速度有较高要求，故本节仅在区间[1, 4]内对其进行取值，经过多次实验，当 θ 的值为 4 时，仿真到达的评论数更加符合实际情况。

（8）根据表 7.5 可知单位时间新增微博评论数的均值为 7.73，因此设定批量到达率 λ 的值为新增评论数均值的整数部分，即 $\lambda = 7$。

（9）由于绝大多数微博评论者的评论数经归一化处理后都在[0, 0.01]上，所以取该区间的中间值作为活跃度 l 的取值，即 $l = 0.005$。

在此基础上进行 10 次仿真，幂指数结果如表 7.11 所示。

表 7.11　10 次仿真的幂指数结果

序号	仿真的幂指数
1	1.6379
2	1.7064
3	1.6292
4	1.6629
5	1.5810
6	1.6944

续表

序号	仿真的幂指数
7	1.6389
8	1.6316
9	1.6314
10	1.6245

　　由表 7.11 可知，10 次仿真的幂指数结果与图 7.8 的幂指数比较接近。以某一次仿真结果为例，其双对数坐标下的评论数频数分布仿真结果如图 7.18 所示，满足幂指数为 1.6629 的幂律分布。

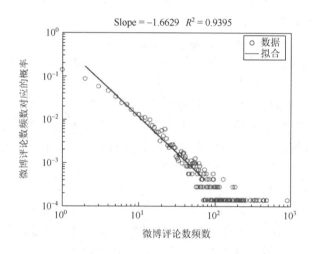

图 7.18　双对数坐标下的评论数频数分布仿真结果

　　高、低评论组微博数及各自获得的评论数随时间的变化趋势如图 7.19 所示。图 7.19（a）描述了高低评论组的微博数占比情况。随着时间推移，高评论组微博数占比趋于 0.15，低评论组微博数占比趋于 0.85，与 7.1.2 节中微博评论数频数分布分析中的高、低评论组微博数占比相似。图 7.19（b）表明随时间变化，新增微博数主要集中 5 以内，与图 7.2 相似。其中，低评论组集中在[3, 5]，高评论组集中在[0, 2]，反映了低评论组的微博增长较快，总量较多，而高评论组的微博增长较慢，总量较少。图 7.19（c）表明了新增评论的波动很大，尤其是高评论组的微博可以在短时间内获得大量的评论，而普通微博评论的增长却很平缓。

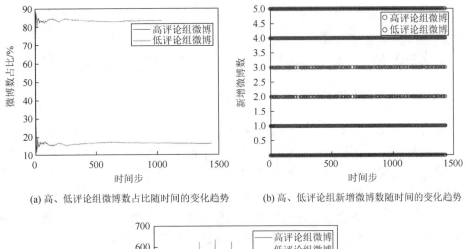

(a) 高、低评论组微博数占比随时间的变化趋势　　　(b) 高、低评论组新增微博数随时间的变化趋势

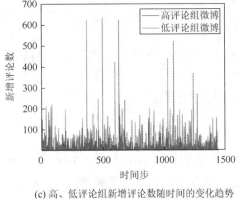

（扫一扫　看彩图）

(c) 高、低评论组新增评论数随时间的变化趋势

图 7.19　高、低评论组微博数量及各自获得的平均评论数随时间的变化趋势

　　综上，模型验证的结果表明，本章所构建的基于二分网络演化的动力学模型能够较好地模拟多对多模式下微博信息发布–评论行为，并且具有一定的适应性。

第8章 社交网络个性化信息推荐服务优化

在社交网络中，个体用户之间的频繁信息交流行为，产生了海量社交网络信息，远远超出了个体用户的信息处理能力，出现了严重的信息过载，从而影响了社交网络的实际效能。由此，在社交网络环境下，如何为个体用户提供个性化信息推荐服务便成为当前个性化信息推荐领域的一个重要研究问题。本章将结合第4章和第5章发现的个体层面社交网络信息交流行为规律，通过引入兴趣漂移理论，研究面向个体用户的社交网络个性化信息推荐服务优化问题。

8.1 社交网络个性化信息推荐服务概述

8.1.1 个性化信息推荐服务概述

1. 个性化信息推荐服务的内涵

伴随着 Web 技术的发展和普及，互联网渗透到了人们的生活、学习和工作的各个领域，将人类真正带入了信息时代。互联网已经发展为当今世界上资料最多、门类最全、规模最大的信息资源库。然而，伴随着互联网信息资源数量急剧上升，流速不断加快，以至于引发了"信息泛滥""信息迷航"等问题。在国外兴起的个性化信息推荐服务能够依据个体用户的信息需求，向个体用户提供及时、主动的个性化信息服务，成为解决互联网"信息泛滥""信息迷航"等问题的重要手段之一。个性化信息推荐服务是指能够根据用户的背景信息、历史行为，分析和识别用户兴趣偏好，然后通过一定的推荐模型及算法将用户兴趣与资源特征进行匹配，进而主动将符合用户需求和兴趣的信息资源推荐给用户，以满足用户个性化需求的一种服务（王国霞 等，2012）。这样的服务不仅能方便个体用户获取高质量的信息资源，同时也大大降低了个体用户为获取信息所花费的时间和精力成本。个性化信息推荐服务这种典型的"信息找人"模式，与以信息检索为代表的传统"人找信息"模式有着明显的区别，如表8.1所示（余力 等，2004）。

表 8.1　信息检索与个性化信息推荐服务的区别

内容	信息检索	个性化信息推荐服务
任务明确程度	明确	不明确
自动化程度	低	高

续表

内容	信息检索	个性化信息推荐服务
主动性程度	被动	主动
个性化程度	低	高
实现难易程度	易	难

当前，个性化信息推荐服务已经普遍应用于各类社交网站及电子商务网站中，如 Facebook、亚马逊、Netflix、新浪微博、淘宝等。如亚马逊工程师表示亚马逊公司 35%的销售额与其推荐服务有关；Facebook 的信息和好友推荐服务可以为用户推荐感兴趣的信息与用户，提升了用户在社交网络中的参与度（方滨兴 等，2015）。

2. 个性化信息推荐服务的目标

个性化信息推荐服务的主要目的是将有价值的信息提供给个体用户。在实际应用过程中，个性化信息推荐服务需要完成以下三个方面的目标。

（1）针对性——推荐符合个体用户兴趣的信息。这一目标反映的是个性化的本质，即针对不同的个体用户提供符合其需求的信息。如果经常出现与个体用户兴趣偏差很远的异常推荐，必将失去个体用户对个性化信息推荐服务的信任。

（2）完整性——推荐个体用户感兴趣的所有信息。由于个体用户兴趣具有多元性，所以在关注个性化信息推荐服务针对性的同时，还需要考虑推荐的信息集合是否全面反映了个体用户的兴趣，这样才能真正为个体用户提供高效的信息服务。

（3）智能性——自动化地向个体用户推荐相关信息。这一目标反映的是推荐的实质，针对个体用户的信息需求自动化地实现"信息找人"。如果需要个体用户更多地参与个性化信息推荐服务过程（如预先注册如兴趣、年龄等个人相关信息，或者提供相关的反馈信息），势必会影响个体用户的信息行为，从而降低个性化信息推荐服务的实际效能。

8.1.2　个性化信息推荐服务的基本方法

在个性化信息推荐服务中，基础的推荐方法主要分为三类：基于内容的推荐、协同过滤推荐及混合推荐。其中，基于内容的推荐是利用资源与用户需求的匹配程度来实现；而协同过滤推荐则利用用户间存在的关联来对资源进行过滤；混合推荐则将两种推荐方法进行结合。

（1）基于内容的推荐方法。基于内容的推荐是以信息检索领域中信息匹配程度为基础进行。通过对资源与用户需求的相似度来决定是否进行推荐，该方法的关键问题在于资源与用户需求的相似度计算。不同的用户在不同情境下其需求模型的相似度计算方法一般不同，通常用户需求的表示方法有向量空间模型和概率模型。向量空间模型领域在提取资源与用户的特征的基础上，将特征转化为空间中的向量进而通过空间距离的方式计算两者间的相似程度；而概率模型则通过计算资源和用户在某一分类模型中的概率分布来对资源与用户进行匹配。基于内容的推荐方法的优点是便捷有效，其中向量空间模型已经被广泛应用，但也存在一定的缺陷，首先其提取特征的能力有限，只适用于文本信息，其次不能对资源内容的品质予以区分。

（2）协同过滤推荐方法。协同过滤推荐方法的基本思想是根据具有一定关联的用户的相似需求，对资源进行筛选，其基本的前提假设为具有关联的用户其需求也存在一定的相似性。在个性化信息推荐服务中，该方法由于其能够得到计算机难以分析的资源间的关系从而扩展了推荐服务的结果，使得推荐结果类型和数量更加丰富，得到了广泛的应用。但该推荐方法存在数据稀疏性和冷启动问题。

（3）混合推荐方法。混合推荐方法是将基于内容的推荐方法和协同过滤推荐方法的优点相结合的推荐方法。这种推荐方法克服了两种方法自身的缺点，即用基于内容的推荐方式克服了协同过滤方法的数据稀疏性和冷启动问题，又用协同过滤方法丰富了基于内容推荐方法的推荐资源。

8.1.3　社交网络中的个性化信息推荐服务

随着以互联网为基础的社交网络的快速发展和广泛应用，越来越多的人利用社交网络进行信息交流。随着社交网络信息规模的几何式增长，人类每天新增的信息已经超过了过去近千年的信息之和。世界上最大的社交网站Facebook，每天登录其平台的用户总数达到16亿人次，中国新浪微博每天新增的微博信息达到1亿条之多。面对如此海量的信息，用户常常感到迷茫或不知所措，信息的海量与繁杂使得用户无法选择出自己感兴趣或者对自己有价值的信息，形成了信息过载问题。由此，在社交网络中为用户提供个性化信息推荐服务便应运而生。事实上，社交网络的快速发展为个性化信息推荐服务优化带来了重要机遇。

（1）社交网络中大量用户和资源信息为个性化信息推荐服务奠定了基础。虽然基于内容的方法具有缓解个性化信息推荐模型冷启动的问题，但在传统环境下，用户和资源的特征往往不易获取。在当前，社交网络大多提供社会化标注系统，支持用户根据自己的需要和理解自由选择词汇（社会化标签）对用户与资源进行标注。从内容上分析，社会化标签不仅反映了用户和资源的特征，而且还暗示了用户的兴趣。另外，在线评论数据也受到了个性化信息推荐服务研究人员的关注，因为在线评论数据不仅包含了资源的多维特征，还包含了用户对资源特征的主观评价。

（2）多样化的反馈信息使得个性化信息推荐服务可以形成更为精确的推荐模型。在个性化信息推荐服务系统中，如果系统能够与用户进行不同程度的交互，无疑便可以获得更多的用户信息。然而，在传统环境下，个性化信息推荐服务系统与用户的交互成本相对较高。社交网络引入了许多新形式的内容，用户可以自行创造并传播这些内容，并产生了多种形式的交互行为，如发布、点赞、转发、评论等。从本质上讲，点赞、转发、评论等信息交流行为都是信息接收者针对信息传递者发布行为的反馈，由此产生的不同的反馈信息能够让个性化信息推荐服务获得多种形式的用户信息，进而借此改进推荐模型，以达到更加精准的效果。

（3）社交网络存在的多种用户关系提升了个性化信息推荐服务的性能。传统的利用用户信息的推荐大多利用人口统计学数据作为基础，而社交网络中由于用户的各种行为存在着多种关系，如好友关系、关注与被关注的关系、信任关系等。在传统的个性化信息推荐服务方法中，这些关系的发现往往要通过用户调查、访谈等方式实现，而且由于涉及个人隐私这些信息都是较难获得的，但在社交网络环境下用户间的多种关系都是显性的、较易获得。显然，基于朋友的推荐提升了推荐的准确度，而基于好友的推荐使得在无须用户提供反馈的情况下就可以通过计算好友相似度（或者信任度），从而帮助解决新用户的冷启动问题。

8.2　融入用户兴趣漂移特征的微博信息个性化推荐方法

虽然个性化信息推荐的三种基本方法在具体实现过程中有所差异，但是它们的本质都是一致的，即通过各种方法构建个体用户的兴趣模型。然而，依据基于人类动力学的社交网络信息交流行为规律，对于普通的个体用户而言，其对于某一事物或活动的兴趣是并非一成不变。由此，本节将以第 4 章和第 5 章发现的兴趣衰减现象为突破口，通过引入兴趣漂移方法，揭示社交网络个体用户兴趣衰减的本质，探索社交网络个性化信息推荐服务优化方法。

8.2.1　总体模型构建

从本质上讲，社交网络用户兴趣衰减的过程就是其兴趣发生变化的过程，对此可以借鉴兴趣漂移方法进行定量描述，从而构建融合用户兴趣漂移特征的微博信息个性化推荐方法。当前针对兴趣漂移的研究主要有两类模式（许翀寰，2011；刘建国 等，2009）：第一类模式认为用户的兴趣一直在变化，并没有准确的变化节点，因此通过不断更新原有的兴趣模型以发现当前的用户兴趣；第二类模式则是明确地检测出用户兴趣漂移发生的位置，然后根据检测结果对用户兴趣进行建模。与第一类模式相比，虽然第二类模式需要检测用户兴趣漂移的位置，但能够更加准确地发现用户兴趣的变化，因此成为学者关注的焦点。相应地，两类经典的解决方法也被学者提出。第一种为时间窗口法（Klinkenberg，2004），该方法认为用户兴趣与最近浏览的内容有关，因此在对用户兴趣进行建模时需要依据用户最新的浏览数据，对用户兴趣进行过滤，从而发现其兴趣变化；第二种为遗忘曲线函数法（Koychev et al.，2000），是根据人类随着时间的推移而存在的遗忘现象来发现用户兴趣的变化，同一兴趣的重要性随着时间的推移而不断改变。

　　从心理学来看，兴趣是人类拥有的一种"自主性功能"，而且它处于动机的最深水平，可以驱策人类的自主性行动（Allport，1955）。其中，长期兴趣是个体用户在较长一段时间内维持不变的兴趣，该类兴趣变化较慢；短期兴趣变化较快，表征个体用户随着外部环境的变化而产生的持续时间较短的兴趣，该类兴趣随时在变化，且类型多样。由此，本节将整合社交网络用户的长期兴趣和短期兴趣，构建融合用户兴趣漂移特征的微博信息个性化推荐模型，具体如图 8.1 所示。首先，利用遗忘曲线可以跟踪一段时间内用户兴趣变化的优势，采用遗忘曲线来发现社交网络用户长期兴趣；同时，采用时间窗口的方法来挖掘社交网络用户短期兴趣，位于时间窗口内的用户信息为当前兴趣，时间窗口随着时间的推移而滑动，因此用户短期兴趣将不断变化更新；最后，在发现用户长短期兴趣的基础上对用户进行聚类，根据用户聚类结果为用户推荐兴趣相似用户，进而利用协作过滤实现微博信息个性化推荐。

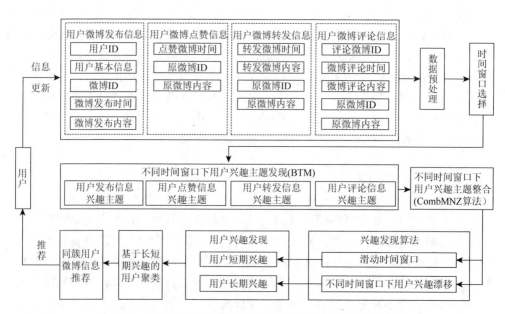

图 8.1　融合用户兴趣漂移特征的微博信息个性化推荐模型

8.2.2　不同时间窗口下用户兴趣主题发现

在社交网络信息交流过程中，用户常用的行为类型主要有信息发布行为、信息点赞行为、信息评论行为和信息转发行为。这 4 种行为能够不同程度地表征用户的兴趣，从而成为发现用户潜在兴趣的重要依据。①用户发布行为信息包括用户 ID、用户基本信息、发文 ID、发布时间、发布内容；②用户点赞行为信息包括点赞时间、原发文 ID、原发文内容；③用户转发行为信息包括转发时间、转发内容、原发文 ID、原发文内容；④用户评论信息包括评论 ID、评论时间、评论内容、原发文 ID、原发文内容。

首先，针对采集到的信息进行预处理操作，包括去除特殊字符、中文分词、去停用词。在数据预处理的基础上，确定时间窗口大小，将用户 4 种行为信息内容进行梳理后作为用户文档集合 W，并将每个时间窗口下每种行为信息作为一个子文档集，每个子文档集中都是用户的一个行为所产生的数据，主要包括用户发布的内容、用户点赞原发文内容、用户转发原内容、用户评论的内容＋原发文内容。在点赞、转发、评论行为中加入原发文内容是由于该行为是因其对原发文内容产生兴趣而产生的，对表征用户兴趣具有重要作用。

然后，对文档集的分词进行编码处理，并将每篇文档用编码表示，用户文档集合 W 进行主题模型训练，构建该社交网络用户兴趣主题模型，据此对每个时间窗口下用户的 4 种行为数据文档集进行主题提取。由于社交网络用户行为所产生的信息多为简短数据，因此本节使用一种经典的短文本主题模型——BTM 主题模型，该模型是由 Yan 等（2013）提出的专用于短文本的主题挖掘模型，该模型通过词共现的模式进行主题学习，该模型能够优先解决文档级别的数据稀疏性问题。其模型计算公式如式（8.1）所示。

$$P(B|\alpha,\beta) = \prod_{i=1}^{N_B} \iint \sum_{k=1}^{K} \theta_{k,w_{i,1}} \varphi_{k,w_{i,2}} \, \mathrm{d}\theta \mathrm{d}\varphi \tag{8.1}$$

式中：B 是词对集合；α,β 是先验参数；N_B 是 BTM 语料库中词对的数目；K 是主题标号（数目）；θ_k 是 BTM 语料库中的主题 K 的概率分布；φ_k 是主题 K 一词对的分布；$w_{i,1}$、$w_{i,2}$ 是词对中的两个词。

在通过 BTM 主题模型得到不同时间窗口下用户 4 种行为的兴趣主题后，需要对同一时间窗口下 4 种行为 $4 \times Z$ 个兴趣主题进行整合，并根据整合得分进行排序，选择前 M 个主题词作为该用户在该时间窗口下的兴趣主题。根据 4 种行为表征用户兴趣的重要程度，本节对 4 种行为分别赋予不同的权重 δ，并通过对 4 种行为的兴趣主题语义相似度进行计算，建立同一时间窗口下用户兴趣主题语义相似度矩阵，将相似度大于阈值的主题利用 CombMNZ 算法进行整合（Joseph et al.，2014）。CombMNZ 算法是一种合适的整合策略，该算法是有名的基于得分的整合方法，已被广泛地用于信息检索领域，已有研究在处理类似问题时采用这个方法得到了可信的结论。因此，本节采用 CombMNZ 策略的整合方法，具体如式（8.2）所示。

$$\text{Score}_{\text{CombMNZ}} = m \times \sum_{n=1}^{4} \delta_n \times P(B|\alpha, \beta) \qquad (8.2)$$

式中：m 为兴趣主题相似度大于阈值语词出现的次数；δ_n 为对应行为的权重；$P(B|\alpha, \beta)$ 为对于兴趣主题的概率。

8.2.3　长短期兴趣漂移发现算法

1. 长期兴趣漂移发现算法

长期兴趣是用户比较固定的偏好，虽然相对比较稳定，但仍然也会出现漂移现象。当环境发生变化使得长期兴趣中某些兴趣出现频率逐渐降低时，代表着用户对某一事物的兴趣在逐渐减弱和淡忘，当用户产生新的长期兴趣时，需要将新兴趣与原有兴趣相结合，形成新的长期兴趣（高泽锋 等，2018；印桂生 等，2012；许翀寰，2011）。

由于长期兴趣是由短期兴趣逐步积累形成，所以在长期兴趣发现初期将通过主题模型提取的短期兴趣概率前 N 个作为长期兴趣，进而通过短期兴趣主题变化，引入非线性遗忘函数判断长期兴趣是否发生了漂移，如式（8.3）所示。

$$f(t,i) = \frac{e^b}{(t+t_0)^c} \qquad (8.3)$$

式中：$f(t,i)$ 表示随时间 t 的不断变化，用户对兴趣 i 的关注程度不断衰减；b、c、t_0 为常量，经心理学家推算，$b = 0.42$，$c = 0.0225$，$t_0 = 0.00255$ 比较符合人的遗忘规律（张磊，2014；江志恒 等，1988）。

利用非线性遗忘函数来改变用户对某一主题的感兴趣程度，实际的兴趣程度就会随着时间的改变而改变，即模拟了人的遗忘过程。也就是说，随着时间的推移，用户对某一主题的兴趣会逐渐衰减到一定程度后趋于不变，而此时，该用户对该主题就已进入遗忘状态，即产生兴趣漂移现象。基于以上分析，可以利用非线性遗忘函数将时间因子加入用户兴趣程度计算之中，如式（8.4）所示。

$$r_{t,u,i} = R_{0,u,i} \times f(t,i) \qquad (8.4)$$

由此，用户 u 在 t 时间窗口下对于 $t-1$ 窗口下某一主题 i 的兴趣程度 $r_{t,u,i}$ 可以通过非线性遗忘函数 $f(t,i)$ 对用户原始提取的主题概率 $R_{0,u,i}$ 衰减得到。用户在每一次时间窗口移动时对某一主题 i 的兴趣均值均被衰减,但仍需与当前时间窗口 t 下的用户兴趣进行匹配,可以将主题 i 与在 t 时间窗口下的兴趣主题进行相似度计算,并进行综合可以得到改进后的用户 u 在 t 时间窗口下对某一主题 i 的兴趣,如式(8.5)所示。

$$Z_{t,u,i} = \frac{r_{t,u,i} + \dfrac{\sum\limits_{j=1}^{S} \mathrm{sim}(i,j)\beta}{S}}{2} \qquad (8.5)$$

式中:S 为兴趣主题数;j 为 t 时间窗口下新提取的表征用户 u 兴趣的主题词;$\mathrm{sim}(i,j)$ 用以计算用户兴趣 i 与主题词 j 间的相似度;β 表示主题词 j 的主题概率 $\mathrm{Score}_{\mathrm{CombMNZ}}$ 值。

当 $Z_{t,u,i}$ 高于阈值时,即可认定用户对主题 i 的兴趣一直持续,为长期兴趣;当 $Z_{t,u,i}$ 低于阈值时,即可认定用户对主题 i 的兴趣已经衰减到不足以作为用户的长期兴趣,则将 t 时间窗口下 β 值最高的兴趣补充为长期兴趣;若 t 时间窗口下存在多个相同 β 值的兴趣,则分别将相同兴趣与现存长期兴趣进行相似度比较,选取相似度较高的作为新增长期兴趣。

2. 短期兴趣漂移发现算法

短期兴趣为用户近期的兴趣,变化较快,需要快速更新,因此采用滑动时间窗口策略来发现用户兴趣。当滑动窗口为 t 时,对其提取的主题为用户初始兴趣,随着窗口向后滑动到 $t+1$ 时,需要将用户在该时间窗口下提取的用户兴趣与用户初始兴趣进行相似度计算;当 $t+1$ 窗口的相关兴趣与 t 窗口的相关兴趣相似度高于阈值 ε 时,则将该兴趣予以保留。在用户特定短期兴趣主题数 $M=S-N$ 情况下,当用户 $t+1$ 窗口与 t 窗口相似兴趣数量较少时,则选取 $t+1$ 窗口下与 t 窗口下相似度低于阈值 ε 的相关兴趣作为其在该时刻的短期兴趣。由此,在 $t+1$ 窗口下用户短期兴趣 X_{t+1}^{M} 可以表示为式(8.6)。

$$X_{t+1}^{M} = \begin{cases} X_t^i, & \mathrm{sim}\left(X_{t+1}^i, X_t^M\right) > \varepsilon \\ X_{t+1}^i, & \mathrm{sim}\left(X_{t+1}^i, X_t^M\right) < \varepsilon \end{cases}, \quad i \in S \qquad (8.6)$$

式中:M 为规定表征用户短期兴趣主题数;$\mathrm{sim}\left(X_{t+1}^i, X_t^M\right)$ 表示 $t+1$ 时间窗口下第 i 个兴趣与 t 时间窗口下所有短期兴趣 M 的相似度。当存在相似度大于阈值 ε 时,则保留 t 窗口下的兴趣;如果有多个 $t+1$ 时间窗口下的兴趣与 t 窗口同一兴趣相似度较高,则提高其兴趣中的权重;如果相似度较低,则保留 $t+1$ 窗口下的 β 值 top 的兴趣作为短期兴趣;如果 $t+1$ 窗口下有多个 β 值相同,则分别计算其与

t 时间窗口下短期兴趣相似度的总和，选取其值为 top 兴趣确定为该时间窗口下的用户短期兴趣。

8.2.4　基于用户兴趣漂移特征的用户聚类与信息推荐

通过用户长短期兴趣漂移发现算法，可以得到不同时间窗口下的用户兴趣，进而依据用户不同时间窗口下的兴趣对用户进行聚类，由此可以为目标用户推荐微博信息。

1. 基于长短期兴趣的用户聚类

（1）用户-兴趣矩阵构建。将所有用户长短期兴趣作为兴趣集 L，对用户长短期兴趣进行向量化表示，构建用户-兴趣矩阵。矩阵中每一行为一位用户，列为兴趣集 L，将用户长短期兴趣与每一列的兴趣集 L 进行匹配，若存在长期兴趣则记为 2，若存在短期兴趣则记为 1，不存在则记为 0。

（2）用户向量表示。在用户-兴趣矩阵基础上对用户进行向量表示，设用户 i 兴趣向量为 $u_i = \left(\delta_i(1,l), \delta_i(2,l), \cdots, \delta_i(m,l) \right)^{\mathrm{T}}, i = 1,2,\cdots,U$。其中，$U$ 为用户数量，m 为标签集 L 中标签，l 表示第 m 个兴趣下的值。$\delta_i(m,l)$ 的计算如式（8.7）所示。

$$\delta_i(m,l) = \begin{cases} 2, & 表示用户i存在长期兴趣m \\ 1, & 表示用户i存在短期兴趣m \\ 0, & 表示用户i不存在兴趣m \end{cases} \tag{8.7}$$

设有两个用户 u_i 和 u_j，若 $\delta_i(m,l) = \delta_j(m,l) = 2$，则称这两个用户在第 m 个兴趣上长期匹配；若 $\delta_i(m,l) = \delta_j(m,l) = 1$，则称这两个用户在第 m 个兴趣上短期匹配；若 $\delta_i(m,l) = \delta_j(m,l) = 0$，则称这两个用户在第 m 个兴趣上无兴趣匹配；若 $\delta_i(m,l) \neq \delta_j(m,l)$，则称这两个用户在第 m 个标签上不配对。

（3）利用经典的聚类算法（如 k-means 算法）对用户进行聚类。

2. 个性化信息推荐

在基于兴趣漂移发现的用户长短期兴趣特征基础上，实现了对当前时间窗口下的用户聚类，并据此在下一时间窗口中将同簇用户相关信息行为所涉及的微博信息进行协同过滤推荐，具体包括用户发布、评论、转发及点赞行为产生的微博信息。例如，根据 week1 时间窗口的用户兴趣特征得到用户聚类结果，则在 week2 时间窗口下，将同簇用户的信息行为所涉及的微博信息进行推荐；同时，也可以根据 week2 时间窗口下用户兴趣特征的聚类结果，在 week3 时间窗口下对同簇用户的信息行为所涉及的微博信息进行推荐，据此循环往复、并动态调整，使得在后期的时间窗口下为用户推荐的微博信息将更加准确。需要强调的是，由于本节所提模型将随着兴趣漂移的演化，在各个时间窗口下挖掘兴趣特征相似用户，在用户长期兴趣不变且互相相似的情况下，将在连续多个时间窗口下被互相推荐，从而达到了用户间长期兴趣相似长期推荐、短期兴趣相似短期推荐的效果。

8.3　实 验 分 析

8.3.1　数据采集与预处理

1. 数据采集

为了便于第 8 章和第 9 章的实验分析,爬取了 2019 年 1 月 1 日至 2019 年 9 月 11 日微博超话中以"电影"为核心话题的社交网络信息交流行为数据,从而形成了数据集 D。数据集 D 主要包括微博用户的发布、评论、转发、点赞等数据,共计涉及 154304 位用户（去重后 142216 位用户）、219751 个行为,具体数据统计如表 8.2 所示。4 类行为的相关信息如表 8.3～表 8.6 所示。

表 8.2　原始数据统计表

行为类型	用户数	用户行为数
发布	1309	10097
评论	13454	28350
转发	39432	52247
点赞	100109	129057
总计	154304	219751

表 8.3　微博用户发布数据表（部分）

序号	发文时间	微博 ID	微博内容	发文用户 ID	发文用户昵称
1	2019-09-07	441383939286161	你应该有些事是不想再提, 或是有些人你不想再见。#电影截图#	5517026248	陈不期
3	2019-06-04	4379558218285080	电影超话</a><a…#王大陆##电影#电影《我的少女时代》。连吻戏都没有的青春爱情片, 超级赞! 剧情和一般青春片没什么两样, 但是细节拿捏得很到位, 演得也很好。还原了大多数少女青春路上刻骨铭心的初恋。"当一个女生说她再也不理你, 不是真的讨厌你, 而是她很在乎你…"花心弥漫的微博视频	6609136320	花心弥漫

续表

序号	发文时间	微博 ID	微博内容	发文用户 ID	发文用户昵称
4	2019-08-14	4404987322738670	\<a href = "…电影超话#电影##电影推荐#电影《蜘蛛侠》。彼得·帕克（托比·马奎尔 饰）被蜘蛛咬了之后，拥有了蜘蛛感应等超能力。第一代很经典，虽然特效少，但是人物情感饱满、剧情充足。彼得报复赛老板放走坏人，那个坏人却把他本叔叔杀了，这个因果让蜘蛛侠成长，让人泪目。一个普通男孩成为超级英雄…全文	6609136320	花心弥漫
⋮	⋮	⋮	⋮	⋮	⋮
10097	2019-08-25	4408964684972900	电影超话#电影#让人很伤感的电影何宝荣就是个大坏蛋！！！！ 最后表白张宛@新浪电影新浪电影@电影工厂电影工厂@中国电影报道中国电影报道@豆瓣电影豆瓣电影	5018841275	一颗星的小葫芦 03

表 8.4　微博用户评论数据表（部分）

序号	原微博 ID	评论时间	评论 ID	评论内容	评论用户 ID	评论用户昵称
1	4412586801938110	2019-09-04	4412923100863280	\<span class = "url-icon"\>\<img alt = [doge]	5517026248	陈不期
2	4406035332335620	2019-08-20	4407276662030260	哈哈哈哈哈哈	5018841275	一颗星的小葫芦 03
3	4365355260044650	2019-05-05	4368545619734920	吃瓜群众路过\<span class…	6609136320	花心弥漫
4	4404987322738670	2019-08-14	4405215635448210	现在人看惯了漫威的影片，回头看初代蜘蛛侠可能会觉得有点压抑	2118617661	硬核少女HARDC0RE
⋮	⋮	⋮	⋮	⋮	⋮	⋮
27676	4120128356499360	2017-06-18	4120130193433270	微博系统出问题了？	5754612215	天黑了记得收衣服

表 8.5　微博用户转发数据表（部分）

序号	原微博 ID	评论时间	评论内容	评论用户 ID	评论用户昵称
1	4396791988666210	2019-07-22	安妮海瑟薇是真爱\<span class = "url-icon"\>\<img alt = [心]…	5517026248	陈不期
2	4401875274836010	2019-08-06	转发微博	1712496483	启蒙电影
3	4379558218285080	2019-07-20	这部电影真的很可爱啊	3738355697	聂鲁达的月亮

续表

序号	原微博 ID	评论时间	评论内容	评论用户 ID	评论用户昵称
4	4404987322738670	2019-08-26	能力越大。责任越大。因为影响力最大吧。	6562272956	久久恒心
⋮	⋮	⋮	⋮	⋮	⋮
52247	4405300163887540	2019-08-14	好蜡川实花的风格	1579489115	MissKeh

表 8.6　微博用户点赞数据表（部分）

序号	原微博 ID	点赞时间	点赞用户 ID	点赞用户昵称
1	4394376295783290	2019-08-23	1579489115	MissKeh
2	4412166239129880	2019-09-02	1712496483	启蒙电影
4	4379558218285080	2019-07-17	5315664530	ORSOCIAM
5	4404987322738670	2019-08-24	5018841275	一颗星的小葫芦 03
⋮	⋮	⋮	⋮	⋮
129057	4412586801938110	2019-09-04	5517026248	陈不期

2. 数据预处理

1）删除缺失数据

微博存在发布图片、表情等大量非文字内容，因此在使用爬虫进行信息抓取时，仅会获取到该图片或表情的 html 信息，故对该类数据进行去除。同时经过分析，发现数据集 D 中微博用户在 8 月份最为活跃，数据最为丰富，因此本节主要使用 8 月份数据作为实验数据，最终得到有效数据共涉及 43497 名用户、72209 个信息行为，微博数据统计（部分）如表 8.7 所示。

表 8.7　微博数据统计（部分）

序号	微博用户 ID	发布行为	评论行为	转发行为	点赞行为	总计
1	5594610533	0	570	86	197	853
2	1579489115	0	469	112	200	781
3	6609136320	81	267	0	322	670
4	5195253720	29	176	1	364	570
5	5517026248	223	18	2	177	420
6	7098698616	135	55	4	223	417
⋮	⋮	⋮	⋮	⋮	⋮	⋮

序号	微博用户 ID	发布行为	评论行为	转发行为	点赞行为	总计
16	5018841275	27	142	0	17	186
⋮	⋮	⋮	⋮	⋮	⋮	⋮
43497	7295548608	0	0	0	1	1

2）中文分词

为了发现微博用户的兴趣主题，本节将对微博用户 4 种行为所产生的文本进行分词及去停用词处理。具体采用"百度 AI"分词算法，该算法基于百度具有的海量数据作为训练集，分词结果较为准确科学。同时，为了发现促使微博用户评论、转发、点赞行为产生的原因，在对上述 3 种行为数据分词时，本节将原微博内容添加到 3 种行为数据中，如用户"一颗星的小葫芦 03"存在 4 种行为，对该用户进行分词如表 8.8 所示。

表 8.8　微博用户"一颗星的小葫芦 03"4 种行为数据分词结果（部分）

行为	分词前（行为数据 + 原微博）	分词后
发布	电影超话电影让人很伤感的电影何宝荣就是个最后表白张宛爱你新浪电影新浪电影电影工厂电影工厂中国电影报道中国电影报道豆瓣电影豆瓣电影	电影/超话/电影/人/电影/电影/电影/电影工厂/电影工厂/中国电影…
评论	哈哈哈哈哈哈 + 经典片段东北人在台湾你们是来搞笑的嘛电影超话经典电影推荐超话手机速看电影的微博视频	经典/东北/电影/电影/超话/手机/电影/微博/视频
转发		
点赞	电影超话电影电影推荐电影蜘蛛侠彼得帕克托比马奎尔饰被蜘蛛咬了后拥有了蜘蛛感应等超能力第一代很经典虽然特效少但是人物情感饱满剧情充足彼得报复拳赛老板放走坏人那个坏人却把他本叔叔杀了这个因果让蜘蛛侠成长让人泪目一个普通男孩成为超级英雄全文	电影/话/电影/电影/电影/蜘蛛侠/彼得帕克/蜘蛛/蜘蛛/超能力/特效/人物/情感/剧情/拳赛/老板/坏人/坏人/叔叔/因果/蜘蛛侠/人/泪目/男孩/超级英雄/全文
⋮		⋮

3）时间窗口数据分割

本节以一周为固定时间窗口对每位微博用户 4 种行为数据进行整理，得到每位用户每一周的 4 种行为的分词数据，如表 8.9 所示。表中每个微博用户 ID 都有相应存在行为数据的时间窗口及行为类型。8 月份共划分成 4 个时间窗口，每个时间窗口下都有发布、评论、转发、点赞 4 种行为数据，但由于本节数据是爬取真实用户数据，存在用户在某个时间窗口下并未产生某一类行为，如 5018841275（一颗星的小葫芦 03）在 8 月份第一周并未产生任何行为，故没有数据。

表 8.9　微博用户时间窗口数据分割（部分）

微博用户	时间窗	行为类型	分词结果
6698291009 电影格子	week1	发布	杀死比尔 动作 点烟 电影
		评论	影视 片尾曲 英雄 军号 军民一家亲 光明 前途 热血 真相 影视 影视 英雄 喜剧 剧本 小混混 阴差阳错 大英雄 心灵 外表 ……
		转发	电影
		点赞	影视 你好 你好爱 片尾曲 英雄 军号 主演 故事 伟人 领导 方针 远见卓识 军民一家亲 道路 道路 时刻 光明 前途 热血 精神 电影时光 骇客男 父亲 发明 手表 手表 弊端 使用者 分子 加速器 手表 罪犯 科幻 青春 喜剧 真相 影视 影视 ……
	week2	发布	生命 意识 尽情游戏 喜剧
		评论	影视 上海堡垒 上海堡垒 上海堡垒 寄生虫 金棕榈奖 地下室 隐喻 穷人们 熨斗 影视 影视 影视 寄生虫 影视 寄生虫 金棕榈 大奖 现实 贫富差距 社会 ……
		点赞	影视 上海堡垒 上海堡垒 上海堡垒 男子 老婆 影视 影视 生命 意识 尽情游戏 喜剧 影视 寄生虫 影视 寄生虫 金棕榈 大奖 东西 电影 现实 观众 贫富差距 社会 问题 人类 剧 影视 影视 ……
	week3	发布	上帝 地方 上帝 禁区 爱情 人物 时代 好坏 美丑 贫富 巴里林登 战争 爱情
		评论	高飞 车祸 母亲 父亲 小雁 大雁 大雁南飞 父女 大自然田园风光 垫底辣妹 谎言 丑小鸭 绝地 真实故事 辣妹 影视 智商 剧荒 影视 ……
		转发	人物 时代 好坏 美丑 贫富 巴里林登 战争 爱情
		点赞	高飞 车祸 母亲 父亲 隔阂 两人 大雁蛋 小雁 大雁 大雁南飞 父女 两人 大自然 隔阂 田园风光 意义 头脑 眼盲 何家彤 陈年 庄 东西 东西 爱情 悬疑 喜剧 元素 好片 ……
	week4	发布	处刑人 片段 枪战 动作 格子 地面 机器 终结者 人类 生命 价值 终结者 科幻 动作
		评论	蝙蝠侠 监狱 罪犯 政府 炸弹 政府 小丑 观赏性 我的世界 灰空气 对象 国际 大盗 富豪 影视 影视 ……

续表

微博用户	时间窗	行为类型	分词结果
6698291009 电影格子	week4	点赞	广告牌 女儿 几个月 案件 广告牌 警察 局长 优点 缺点 情节 结局 小队 等人 蝙蝠侠 监狱 罪犯 政府 身体 炸弹 小队 政府 任务 小丑 观赏性 我的世界 灰色 空气 小镇 女孩 小露 对象 威尔 男子 ……
5018841275 一颗星的小 葫芦 03	week2	发布	新人 一代宗师 氛围 造梦师 时光雕刻家 创造者 绣春刀 绣春刀 集结号 集结号
		评论	网友 金鸡百花奖 海报 风格 金鸡 海报 金鸡 金马 上海堡垒 上海堡垒 上海堡垒官微 博主 上海堡垒 特效 上海堡垒 上海堡垒 上海堡垒官微 博主 上海堡垒 特效 ……
		点赞	龙牌之谜 传说 睫毛 地 茶叶 法力 龙牌 力量 睫毛 白魔法 大师 女儿 黑魔法师 白魔法 大师 和成兰关 异国 监狱 龙牌之谜 故事 龙王 传说 成龙大哥 新作 特效 龙牌之谜 ……
	week3	发布	绣春刀 绣春刀 集结号 集结号 泪人 海边的曼彻斯特 ……
		评论	姐姐 灵气 鼻子 傻子 经典 导弹 潜艇 剧情 手机
		点赞	奇迹 青云 时空 星辰 你的名字 手心 名字 你的名字
	week4	发布	脸 治愈感 假如爱有天意 刺客聂隐娘 画面 山水画 长电影 舞台剧 鼓点 视觉 听觉 美术感 国画 默剧 刺客聂隐娘 刺客聂隐娘
		评论	经典 新蜀山剑侠 天刀峰 紫青双剑 血魔 仙侠 幻想 特效 青霞 错觉 梦境 前世
		点赞	魔兔 故事 农场 兔灾 农场主 大学 生物 专家 生物 专家 基因 大祸 魔兔之夜 外文 制片地区 科幻 小猪 主人 烤乳猪 宠物 经典 ……
⋮	⋮	⋮	⋮

8.3.2　实验过程

1. 微博用户兴趣漂移特征挖掘

1）主题提取

本节利用 Python 编写程序使用 BTM 主题模型分别对微博用户每个时间窗口

下 4 种行为分词结果进行主题提取，其中经过对数据不同主题数 K 的困惑度的计算，发现困惑度虽然依然遵循 K 值越大、困惑度越低的规律，但困惑度只在 0.001 级别内进行波动，并无较为显著的差异，因此设置主题数 $K=1$。同时，由于微博用户兴趣标签数量一般为 5~6 个，因此为了保证有充足的主题词表征用户兴趣，用户主题-概率分布中主题词设置为 10。根据式（8.1），在经过 1000 次迭代之后得到每个微博用户在每个时间窗口下的兴趣主题-语词概率分布，结果如表 8.10 所示。表 8.10 中展示了每位微博用户每一周的 4 种行为类型所表征的兴趣主题-概率分布。

表 8.10　微博用户不同时间窗口下兴趣主题-概率分布（部分）

微博用户	时间窗	行为类型	主题-概率分布
6698291009 电影格子	week1	发布	杀死比尔：0.250000　动作：0.250000　点烟：0.250000　电影：0.250000
		评论	中国机长：0.082267　影视：0.074042　机长：0.041139　上帝：0.037026　冰雪：0.037026　机器：0.032913　预告片：0.020575　航班：0.020575　特效：0.020575
		转发	电影：1.000000
		点赞	中国机长：0.031671　手表：0.023754　影视：0.022170　霹雳舞：0.015837　机长：0.015837　机组：0.015309　影片：0.014781
	week2	发布	生命：0.250000　意识：0.250000　尽情游戏：0.250000　喜剧：0.250000
		评论	影视：0.072336　寄生虫：0.046036　龙牌：0.043844　龙王：0.043844　警察：0.039461　恐怖分子：0.039461　传说：0.021928　茶叶：0.021928　黑魔法师：0.021928　龙牌种茶：0.021928
		点赞	东西：0.024353　影视：0.022217　龙牌：0.021790　龙王：0.018799　故事：0.016236　谜：0.014955　爱情：0.013673　喜剧：0.013246　女巫：0.013246　影片：0.013246
	week3	发布	爱情：0.130404　上帝：0.086954　人物：0.086954　时代：0.086954　诽议：0.086954　好坏：0.086954　美丑：0.086954　贫富：0.086954　巴里林登：0.086954　战争：0.086954
		评论	父亲：0.060942　大海：0.054849　影视：0.038601　碧海蓝天：0.036569　生活：0.034538　母亲：0.032507　政府：0.028445　家庭：0.026414　潜水员：0.018290　爱情：0.018290
		转发	人物：0.111111　时代：0.111111　诽议：0.111111　好坏：0.111111　美丑：0.111111　贫富：0.111111　巴里林登：0.111111　战争：0.111111　爱情：0.111111
		点赞	影视：0.016757　父亲：0.016401　喜剧：0.016044　老人：0.014975　爱情：0.012479　咖：0.012479　大海：0.011766　事：0.011410　生活：0.011410　隔阂：0.010697
	week4	发布	终结者：0.173854　动作：0.130404　地面：0.086954　机器：0.086954　人类：0.086954　生命：0.086954　价值：0.086954　科幻：0.086954　处刑人：0.043504　片段：0.043504
		评论	英雄：0.069701　影视：0.030251　日记：0.026306　门徒：0.023676　政府：0.018416　配音：0.015786　梦：0.015786　宠物：0.015786　变色龙：0.015786　动物：0.015786
		点赞	英雄：0.023559　海绵：0.014341　动作：0.013658　踢馆：0.012975　记者：0.011268　影视：0.010927　两人：0.010244　时间：0.009902　罪证：0.009902
5018841275 一颗星的小葫芦 03	week2	发布	绣春刀：0.187422　集结号：0.187422　一代宗师：0.125000　氛围：0.125000　造梦师：0.125000　时光雕刻家：0.125000　创造者：0.125000　新人：0.000156
		评论	上海堡垒：0.062626　蜘蛛侠：0.036534　蜘蛛：0.036534　博主：0.031316　特效：0.031316　剧情：0.023489　岁月：0.023489　海报：0.018270　金鸡：0.018270　喜剧：0.018270

续表

微博用户	时间窗	行为类型	主题-概率分布
	week2	点赞	龙牌：0.112046 白魔法：0.077574 谜：0.075419 睫毛：0.075419 大师：0.075419 传说：0.056028 地：0.038792 茶叶：0.038792 法力：0.038792 力量：0.038792
	week3	发布	文化：0.134776 传统：0.134776 八极拳：0.134776 绣春刀：0.101089 战场：0.067402 武术：0.067402 明星：0.067402 规矩：0.067402 礼法：0.067402 血脉：0.067402
		评论	艺术：0.026734 经典：0.024825 国学：0.017824 法医：0.017824 大海：0.017188 剧情：0.015278 生活：0.013369 喜剧：0.012732 预告片：0.011459 碧海蓝天：0.011459
5018841275 一颗星的小 葫芦03		点赞	你的名字：0.057457 流浪地球：0.057457 消息：0.057457 红海：0.057457 行动：0.057457 延安：0.057457 药神：0.057457 部：0.057457 佳作：0.057457
	week4	发布	刺客聂隐娘：0.187394 画面：0.062482 山水画：0.062482 长电影：0.062482 舞台剧：0.062482 鼓点：0.062482 视觉：0.062482 听觉：0.062482 美术感：0.062482 国画：0.062482
		评论	狮子王：0.051199 蜘蛛侠：0.028674 剧情：0.026626 蜘蛛：0.026626 刺客：0.024578 聂隐娘：0.024578 特效：0.021507 动画版：0.020483 经典：0.016387 彼得帕克：0.013315
		点赞	生物：0.036276 坏人：0.026119 专家：0.024668 蜘蛛：0.023943 蜘蛛侠：0.022492 记者：0.020316 公民：0.017414 凯恩：0.017414 玫瑰花蕾：0.017414 动作：0.015963
⋮	⋮	⋮	⋮

2）时间窗口下用户兴趣主题挖掘

对微博用户在同一时间窗口的不同行为类型的兴趣主题进行相似度计算，形成兴趣主题相似度矩阵以提取最终主要兴趣。其中，根据微博用户不同行为所体现的兴趣程度赋予不同权重，其主要依据在于微博用户在该行为中所耗费的时间成本。微博用户发布行为需要自行编辑发文内容，是最能体现其兴趣的一种行为方式；而评论行为需要微博用户对相关博文进行评论，耗费时间成本相对于发布行为较小；而转发行为所需要的行为步骤一般为2~3步，点赞行为仅需1步，因此转发行为重要性大于点赞行为。故此，本节分别设定4种行为的权重为：发布行为（0.4）、评论行为（0.3）、转发行为（0.2）、点赞行为（0.1）。将微博用户兴趣主题相似度大于0.9的语词根据相似度利用式（8.2）进行整合，兴趣主题相似度矩阵如表8.11所示。表8.11中灰底部分相似度大于0.9。对表8.11利用式（8.2）进行计算，得到表8.12。表8.12展示了用户"6698291009电影格子"在week1时间窗口下的综合兴趣主题整合结果，对得分相同的需要进行归并，因此该用户最终在week1时间窗口下最终兴趣主题如表8.13所示。用户"6698291009电影格子"在week2、week3、week4时间窗口下最终兴趣主题如表8.14所示。

表 8.11　用户 "6698291009 电影格子" week1 兴趣主题相似度矩阵

行为	分布				评论									转发		点赞					
概率	0.25	0.25	0.25	0.25	0.082267	0.074042	0.041139	0.037026	0.037026	0.032913	0.020575	0.020575	0.020575	1	0.031671	0.023754	0.02217	0.015837	0.015837	0.015309	0.014781
	杀死比尔	动作	点烟	电影	中国机长	影视	机长	上帝	冰雪	机器	预告片	航班	特效	电影	中国机长	手表	影视	露霹舞	机长	机组	影片
杀死比尔	1	0.419105	0.360073	0.435902	0.524392	0.372546	0.450948	0.610594	0.496532	0.493596	0.401593	0.446242	0.440003	0.435902	0.524392	0.454247	0.372546	0.440218	0.450948	0.462236	0.438516
动作	0.419105	1	0.58501	0.622799	0.717997	0.674448	0.62143	0.596592	0.586819	0.56454	0.576586	0.594996	0.754978	0.622799	0.717997	0.526303	0.674448	0.531482	0.62143	0.621803	0.753325
点烟	0.360073	0.58501	1	0.488118	0.522465	0.410992	0.487335	0.49177	0.477813	0.399063	0.4311	0.48368	0.505657	0.488118	0.522465	0.491846	0.410992	0.313486	0.487335	0.354583	0.533142
电影	0.435902	0.622799	0.488118	1	0.649715	0.616995	0.595905	0.539619	0.481415	0.620763	0.546143	0.536649	0.659522	0.620763	0.649715	0.560928	0.616995	0.376505	0.595905	0.554359	0.645798
中国机长	0.524392	0.717997	0.522465	0.649715	1	0.568302	0.943376	0.715862	0.641739	0.714815	0.566622	0.882331	0.638284	0.649715	1	0.639084	0.568302	0.54365	0.943376	0.68904	0.630326
影视	0.372546	0.674448	0.410992	0.616995	0.568302	1	0.443985	0.474925	0.481186	0.533048	0.546088	0.471267	0.573666	0.616995	0.568302	0.444426	1	0.361959	0.443985	0.483928	0.837324
机长	0.450948	0.62143	0.487335	0.595905	0.943376	0.443985	1	0.658999	0.577638	0.642115	0.473925	0.863807	0.554472	0.595905	0.943376	0.539148	0.443985	0.473539	1	0.5941	0.533227
上帝	0.610594	0.596592	0.49177	0.539619	0.715862	0.474925	0.658999	1	0.585969	0.569699	0.520106	0.641264	0.54394	0.539619	0.715862	0.507548	0.474925	0.494336	0.658999	0.612885	0.543161
冰雪	0.496532	0.586819	0.477813	0.481415	0.641739	0.481186	0.577638	0.585969	1	0.510537	0.385919	0.542421	0.49076	0.481415	0.641739	0.410585	0.481186	0.528665	0.577638	0.539975	0.515334
机器	0.493596	0.56454	0.399063	0.620763	0.714815	0.533048	0.642115	0.569699	0.510537	1	0.449828	0.590669	0.559619	0.620763	0.714815	0.609854	0.533048	0.423192	0.642115	0.776663	0.560834
预告片	0.401593	0.576586	0.4311	0.546143	0.566622	0.546088	0.473925	0.520106	0.385919	0.449828	1	0.459719	0.595885	0.546143	0.566622	0.553198	0.546088	0.485283	0.473925	0.470269	0.658011
航班	0.446242	0.594996	0.48368	0.536649	0.882331	0.471267	0.863807	0.641264	0.542421	0.590669	0.459719	1	0.537467	0.536649	0.882331	0.599207	0.471267	0.456555	0.863807	0.577347	0.522405
特效	0.440003	0.754978	0.505657	0.659522	0.638284	0.573666	0.554472	0.54394	0.49076	0.559619	0.595885	0.537467	1	0.659522	0.638284	0.534704	0.573666	0.543465	0.554472	0.575417	0.637409
电影	0.435902	0.622799	0.488118	0.620763	0.649715	0.616995	0.595905	0.539619	0.481415	0.620763	0.546143	0.536649	0.659522	1	0.649715	0.560928	0.616995	0.376505	0.595905	0.554359	0.645798
中国机长	0.524392	0.717997	0.522465	0.649715	1	0.568302	0.943376	0.715862	0.641739	0.714815	0.566622	0.882331	0.638284	0.649715	1	0.639084	0.568302	0.54365	0.943376	0.68904	0.630326
手表	0.454247	0.526303	0.491846	0.560928	0.639084	0.444426	0.539148	0.507548	0.410585	0.609854	0.553198	0.599207	0.534704	0.560928	0.639084	1	0.444426	0.476748	0.539148	0.598008	0.54132
影视	0.372546	0.674448	0.410992	0.616995	0.568302	1	0.443985	0.474925	0.481186	0.533048	0.546088	0.471267	0.573666	0.616995	0.568302	0.444426	1	0.361959	0.443985	0.483928	0.837324
露霹舞	0.440218	0.531482	0.313486	0.376505	0.54365	0.361959	0.473539	0.494336	0.528665	0.423192	0.485283	0.456555	0.543465	0.376505	0.54365	0.476748	0.361959	1	0.473539	0.481263	0.46053
机长	0.450948	0.62143	0.487335	0.595905	0.943376	0.443985	1	0.658999	0.577638	0.642115	0.473925	0.863807	0.554472	0.595905	0.943376	0.539148	0.443985	0.473539	1	0.5941	0.533227
机组	0.462236	0.621803	0.354583	0.554359	0.68904	0.483928	0.5941	0.612885	0.539975	0.776663	0.470269	0.577347	0.575417	0.554359	0.68904	0.598008	0.483928	0.481263	0.5941	1	0.548701
影片	0.438516	0.753325	0.533142	0.645798	0.630326	0.837324	0.533227	0.543161	0.515334	0.560834	0.658011	0.522405	0.637409	0.645798	0.630326	0.54132	0.837324	0.46053	0.533227	0.548701	1

表 8.12　用户"6698291009 电影格子"在 week1 时间窗口下的综合兴趣主题整合结果

语词	Score$_{CombMNZ}$
电影	0.60000
电影	0.60000
中国机长	0.16709
机长	0.16709
中国机长	0.16709
机长	0.16709
杀死比尔	0.10000
动作	0.10000
点烟	0.10000
影视	0.04886
影视	0.04886
上帝	0.01111
冰雪	0.01111
机器	0.00987
预告片	0.00617
航班	0.00617
特效	0.00617
手表	0.00238
霹雳舞	0.00158
机组	0.00153
影片	0.00148

表 8.13　用户"6698291009 电影格子"在 week1 时间窗口下最终兴趣主题

语词	涉及行为	Score$_{CombMNZ}$
电影	发布 + 转发	0.60000
中国机长	评论 + 点赞	0.16709
杀死比尔	发布	0.10000
动作	发布	0.10000
点烟	发布	0.10000
影视	评论 + 点赞	0.04886
上帝	评论	0.01111
冰雪	评论	0.01111
机器	评论	0.00987
预告片	评论	0.00617

表 8.14　用户"6698291009 电影格子"在 week2、week3、week4 时间窗口下最终兴趣主题

week2			week3			week4		
语词	涉及行为	Score$_{CombMNZ}$	语词	涉及行为	ScoreCombMNZ	语词	涉及行为	Score$_{CombMNZ}$
生命	发布	0.25	爱情	发布+评论+转发+点赞	0.324475	动作	发布+点赞	0.107055
意识	发布	0.25	好坏	发布+转发	0.114008	终结者	发布	0.069542
尽情游戏	发布	0.25	美丑	发布+转发	0.114008	英雄	评论+点赞	0.046532
喜剧	发布	0.25	贫富	发布+转发	0.114008	地面	发布	0.034782
寄生虫	评论	0.05	人物	发布+转发	0.114008	机器	发布	0.034782
龙肺之谜	评论	0.04	时代	发布	0.114008	生命	发布	0.034782
警察	评论	0.04	战争	发布+转发	0.114008	科幻	发布	0.034782
东西	点赞	0.03	父亲	评论+转发	0.039845	人类	发布	0.034782
影院	点赞+评论	0.02	大海	评论+点赞	0.035263	价值	发布	0.034782
故事	点赞	0.02	上帝	发布	0.034782	影视	评论+点赞	0.020336

3）微博用户长期兴趣漂移发现

对于微博用户而言，一般使用 6 个左右的标签表征其兴趣，而长期兴趣一般可以用 2~3 个标签进行表征。因此，本节将微博用户长期兴趣标签数定为 2 个。根据实验数据特征，将 $Z_{t,u,i}$ 阈值 β 设定为 0.2。故用户 "6698291009 电影格子" 初始长期兴趣标签为 week1 中 "电影" "中国机长"，并根据式（8.4）计算其在不同时间窗口下兴趣衰减结果 $r_{t,u,i}$，结果如表 8.15 所示。

表 8.15 用户 "6698291009 电影格子" 在不同时间窗口下用户初始兴趣衰减函数值

时间窗口	t	$f(t,i)$	$r_{t,u,\text{电影}}$	$r_{t,u,\text{中国机长}}$
week1			0.6	0.16709
week2	1	1.52187	0.91313	0.25429
week3	2	1.49837	0.89902	0.25036
week4	3	1.48477	0.89086	0.24809

将表 8.14 中 week2 窗口下兴趣主题根据式（8.5）计算用户对 "电影" 和 "中国机长" 在 week2 时间窗口下的兴趣衰减情况，结果分别如表 8.16 和表 8.17 所示。从表格中可以看出 "电影" 兴趣出现衰减，但仍处于一定水平。而 "中国机长" 从初始状态开始兴趣值始终处于较低状态。由于本节 β 设定为 0.2，故 "中国机长" 在 week2 窗口下将被替换。

表 8.16 用户 "6698291009 电影格子" week2 窗口下对 "电影" 的兴趣衰减结果

主题 j	β	Sim（电影，j）	Sim（电影，j）*β	$R_{1,u,\text{电影}}$	$Z_{1,u,\text{电影}}$
生命	0.25	0.569083	0.142271		
意识	0.25	0.508646	0.127162		
尽情游戏	0.25	0.365689	0.091422		
喜剧	0.25	0.744446	0.186112		
寄生虫	0.05	0.511121	0.025556		
龙牌之谜	0.04	0.338289	0.013532	0.91313	0.48916
警察	0.04	0.529413	0.021177		
东西	0.03	0.611724	0.018352		
影院	0.02	0.757221	0.015144		
故事	0.02	0.556247	0.011125		

表 8.17　用户"6698291009 电影格子"week2 窗口下对"中国机长"的兴趣衰减结果

主题 j	β	Sim（中国机长，j）	Sim（中国机长，j）*β	$R_{1, u, 中国机长}$	$Z_{1, u, 中国机长}$
生命	0.25	0.730133	0.182533		
意识	0.25	0.624808	0.156202		
尽情游戏	0.25	0.535054	0.133764		
喜剧	0.25	0.641492	0.160373		
寄生虫	0.05	0.643618	0.032181		
龙牌之谜	0.04	0.52007	0.020803	0.25429	0.190098
警察	0.04	0.641477	0.025659		
东西	0.03	0.683253	0.020498		
影院	0.02	0.469105	0.009382		
故事	0.02	0.702008	0.01404		

为了补充长期兴趣，在 week2 兴趣语词中选取 β 值最高的语词作为新的长期兴趣。由于该时间窗口下有 4 个语词 β 相同，根据长期兴趣漂移算法，需要分别将 β 值相同的语词与当前长期兴趣"电影"进行相似度计算，结果如表 8.16 中 Sim（电影，j）所示。其中，"喜剧"相似度最高，则 week2 时间窗口下用户"6698291009 电影格子"的长期兴趣词语为"电影""喜剧"。在后续时间窗口下，"喜剧"的衰减函数值将被重新计算，并对用户"6698291009"数据根据长期兴趣漂移算法进行处理，最终 4 个时间窗口下用户"6698291009"长期兴趣结果如表 8.18 所示。

表 8.18　用户"6698291009 电影格子"在不同时间窗口下长期兴趣结果

时间窗口	用户长期兴趣	
week1	电影（$\beta = 0.60000$）	中国机长（$\beta = 0.16709$）
week2	电影（$\beta = 0.48916$）	喜剧（$\beta = 0.25000$）
week3	电影（$\beta = 0.48135$）	喜剧（$\beta = 0.22115$）
week4	电影（$\beta = 0.45970$）	喜剧（$\beta = 0.20182$）

4）微博用户短期兴趣漂移发现

依据 8.3.2 节中"3）微博用户长期兴趣漂移发现"的设定，微博用户初始短期兴趣为初始时间窗口最终兴趣主题中去除该时间窗口下的长期兴趣后 Top4 主题，则初始短期兴趣主题如表 8.19 所示：

表 8.19　用户"6698291009 电影格子"初始短期兴趣主题

主题	杀死比尔	动作	点烟	影视
β	0.1	0.1	0.1	0.04886

在 week2 时间窗口下，微博用户短期兴趣将会改变，根据短期兴趣漂移发现算法，将该时间窗口下提取的用户兴趣与初始兴趣进行相似度计算。当 week2 窗口的相关兴趣与初始窗口的相关兴趣相似度高于阈值 ε 时，则将该兴趣予以保留；当低于阈值 ε 时，则将该时间窗口下 top 主题进行替换。根据本节实验数据情况，将阈值 ε 设为 0.6。用户"6698291009 电影格子"兴趣计算结果如表 8.20 所示。

表 8.20　用户"6698291009 电影格子"week2 短期兴趣计算结果

week2		week1				
主题	β	杀死比尔	动作	点烟	影视	Sim（i, week1）
生命	0.25	0.556798	0.590912	0.432097	0.520165	2.099972
意识	0.25	0.36573	0.591027	0.3923	0.495054	1.844111
尽情游戏	0.25	0.298034	0.402243	0.317928	0.381726	1.399931
寄生虫	0.05	0.401315	0.577948	0.544703	0.50074	
龙牌之谜	0.04	0.356551	0.452388	0.355732	0.391412	
警察	0.04	0.348925	0.542206	0.5222	0.433155	
东西	0.03	0.397299	0.671132	0.511766	0.57033	
影院	0.02	0.316354	0.559971	0.388999	0.80872	
故事	0.02	0.439655	0.585583	0.442428	0.51957	

表 8.20 中灰底处为初始短期兴趣与 week2 兴趣主题相似度计算最高的结果。可以看到，初始兴趣"动作""影视"最大相似度值大于阈值，予以保留，"杀死比尔""点烟"最大值小于阈值，将被 week2 兴趣主题 top2 代替。由于 week2 窗口下"生命""意识""尽情游戏"β 均为 0.25，则分别计算其与 week1 窗口下 4 个短期兴趣的相似度之和，结果为 Sim（生命，week1）= 2.09997；Sim（意识，week1）= 1.84411；sim（尽情游戏，week1）= 1.39993。因此，选取"生命""意识"作为 week2 时间窗口下更新的短期兴趣，即 week2 时间窗口下用户短期兴趣为影视、动作、生命、意识。在后续时间窗口下，对用户数据根据短期兴趣漂移算法进行处理，表 8.21 为用户"6698291009 电影格子"week3 短期兴趣计算结果，表 8.22 为用户"6698291009 电影格子"week4 短期兴趣计算处理结果，表 8.23 为"用户 6698291009 电影格子"不同时间窗口下短期兴趣计算结果。

表 8.21　用户"6698291009 电影格子"week3 短期兴趣计算结果

week3		week2				
主题	β	影视	动作	生命	意识	Sim（i, week2）
爱情	0.324475	0.582864	0.638677	0.668702	0.566024	2.456267
好坏	0.114008	0.500904	0.578059	0.481235	0.554296	2.114494
美丑	0.114008	0.444757	0.64952	0.674514	0.547605	2.316396
贫富	0.114008	0.400259	0.541067	0.455098	0.434131	1.830555
人物	0.114008	0.501483	0.681314	0.683055	0.596957	2.462809
时代	0.114008	0.582858	0.61537	0.773527	0.568714	2.540469
战争	0.114008	0.472368	0.623213	0.650021	0.549587	2.295189
父亲	0.039845	0.489981	0.577872	0.67028	0.482945	
大海	0.035263	0.486007	0.604283	0.687743	0.459774	
上帝	0.034782	0.474925	0.596592	0.71226	0.523582	

表 8.22　用户"6698291009 电影格子"week4 短期兴趣计算结果

week4		week3				
主题	β	生命	动作	爱情	时代	Sim（i, week3）
动作	0.107055	0.590912	1	0.638677	0.61537	
终结者	0.069542	0.59678	0.627229	0.527055	0.63731	
英雄	0.046532	0.628083	0.570607	0.53642	0.617455	
地面	0.034782	0.564419	0.637155	0.486283	0.637863	
机器	0.034782	0.590366	0.56454	0.555861	0.68478	
价值	0.034782	0.618242	0.533908	0.533219	0.712299	
科幻	0.034782	0.559572	0.644443	0.539232	0.615742	
人类	0.034782	0.748243	0.676281	0.652429	0.704306	
生命	0.034782	1	0.590912	0.668702	0.773527	
影视	0.020336	0.520165	0.674448	0.582864	0.582858	

表 8.23　用户"6698291009 电影格子"不同时间窗口下短期兴趣计算结果

时间窗口	短期兴趣主题
week1	杀死比尔　动作　点烟　影视
week2	影视　动作　生命　意识
week3	生命　动作　爱情　时代
week4	生命　动作　爱情　时代

5）微博用户兴趣漂移特征确定

综合上述分析的用户长短期兴趣漂移情况，可以得到微博用户最终不同时间窗口下兴趣漂移特征，结果如表 8.24 所示。

表 8.24　用户"6698291009 电影格子"不同时间窗口下兴趣漂移特征

时间窗口	兴趣主题
week1	电影　中国机长　杀死比尔　动作　点烟　影视
week2	电影　喜剧　影视　动作　生命　意识
week3	电影　喜剧　生命　动作　爱情　时代
week4	电影　喜剧　生命　动作　爱情　时代

通过分析用户"6698291009 电影格子"的个人微博主页（图 8.2）发现，该用户主要关注"电影"领域的信息，对电影这个大主题兴趣较为固定，这从其昵称上也能体现出来；同时，该用户对喜剧类电影兴趣较强，经常在微博中针对喜剧电影产生相应的发布行为，并对喜剧电影的相关信息进行点赞、转发等。因此，可以认为对该用户长期兴趣"电影""喜剧"的发现较为准确。同时，在用户"6698291009 电影格子"的短期兴趣发现方面，该用户在电影这一长期兴趣的背景下，对不同时间窗口下的主要电影及电影类型也产生了短期兴趣变化。综合来看，该算法对用户长短期兴趣漂移特征的挖掘发现较为准确，能够较好地满足用户的需求。

图 8.2　用户"6698291009 电影格子"的个人微博主页

2. 基于用户兴趣漂移特征的用户聚类与信息推荐

1）用户聚类

对实证数据中 43497 名用户按其数据量进行从大到小排序，选取其中前 100 位用户作为用户聚类与信息推荐的对象，具体如表 8.25 所示。

表 8.25　数据量排名前 100 的用户信息

序号	微博用户 ID	昵称	发布数	评论数	转发数	点赞数	总计
1	5594610533	陈肚瘦		570	86	197	853
2	1579489115	MissKeh		469	112	200	781
3	6609136320	花心弥漫	81	267		322	670
4	5195253720	原益影谈	29	176	1	364	570
5	5517026248	陈不期	223	18	2	177	420
6	7098698616	ET·李	135	55	4	223	417
7	6573835722	解忧电影局	324				324
8	1712496483	启蒙电影	150	4	2	151	307
9	6518656910	电影启蒙君		70	97	125	292
10	6509795891	全球影视吧	101	74		92	267
11	6678713385	_戈尔赞	105	107		19	231
⋮	⋮	⋮	⋮	⋮	⋮	⋮	⋮
20	6698291009	电影格子	7	63	2	90	162
⋮	⋮	⋮	⋮	⋮	⋮	⋮	⋮
96	6434383749	枫树影视	42			7	49
97	5237163481	嗨我宣你呀		48			48
98	5656235692	黑夜快车		26		21	47
99	6811944381	驭风者影视文化中心	47				47
100	2835220472	刘俊彤–懿璐儿	46				46

对 100 位用户根据兴趣漂移发现算法进行处理，将得到 100 位用户的不同窗口下用户兴趣特征。例如，表 8.26 描述了 week4 窗口下 100 位用户的兴趣特征。

由于共对 100 名用户进行聚类，为不失一般性，拟设定 k-means 聚类初始类中心为 5，利用 Python 语言的 sklearn 库中的 k-means 算法进行聚类，结果如表 8.27 所示。

表 8.26　week4 窗口下 100 位用户的兴趣特征

序号	微博用户 ID	昵称	week4 兴趣主题
1	5594610533	陈肚瘦	少女 形象 电影名台词 服装 东西 请以你的名字呼唤我
2	1579489115	MissKeh	纪录片 少女 珠宝 时光 印象 品牌
3	6609136320	花心弥漫	影视 哪吒之魔童降世 公民 凯恩 暑假 迪士尼
4	5195253720	原益影谈	电影 影视 影片 车站 戛纳电影节 金棕榈奖
5	5517026248	陈不期	电影 哪吒 画师 复联 影视 贵妇
6	7098698616	ET·李	电影 哪吒 画师 复联 商标 蜘蛛侠
7	6573835722	解忧电影局	电影 故事 短片 动画 影片 女儿
8	1712496483	启蒙电影	电影 高分 经典 生活 哲理 编辑室
9	6518656910	电影启蒙君	网剧 大黄蜂 故事 经典 剧情 故事情节
10	6509795891	全球影视吧	电影 剧情 蜘蛛 蜘蛛侠 情感 爱情
11	6678713385	_戈尔赞	电影 昆虫 平台 大世界 电影票 话题
⋮	⋮	⋮	⋮
20	6698291009	电影格子	电影 喜剧 生命 动作 爱情 时代
⋮	⋮	⋮	
96	6434383749	枫树影视	盛世美颜 演员 收入 白日梦想家 被解救的姜戈 陈不期
97	5237163481	嗨我宣你呀	文字 车手 香水 闻香识女人 请以你的名字呼唤我 白日梦
98	5656235692	黑夜快车	地球 外星 文物 指挥官 影片 青春
99	6811944381	驭风者影视文化中心	源氏物语 千年之恋 物语 动画片 动画师
100	2835220472	刘俊彤-懿璐儿	终结者 动作 英雄 地面 机器 价值

表 8.27　基于用户兴趣漂移特征的用户聚类结果

群组序号	群组微博用户 ID
0	2632577174、6035379902、6823581852、7006406196、1772778695
1	6609136320、6294463338、5594609404、6523501738、3609043153、5337580021、6496283617、6589037600、5331214397、6240427065、5510080387、6554528413、1790111544、5455663851、5237097933、2118617661、2290890825
2	7098698616、6678713385、5018841275、6988225812、5661333003、1171216965、5483053322、2091011745、5298031899、6263013741、6932498276、6605402112、2533837991、7038341196、7063894747、1218198825、6016517723、3213703123、2835220472
3	6484997274、7278721937、6307453294、7276546184、5398383848、2696263133、6587511627、3024584024、5242408156、1616864722、6452863425、6524691166、5666474513、6517189473、1043236817、7215306423、6317416881、2721844763、3177571541、7011176247、3115037、3120424092、5786538118、5237163481
4	5594610533、1579489115、5195253720、5517026248、6573835722、1712496483、6518656910、6509795891、6875792357、6698291009、6044411679、5595989090、6172184029、6129274395、7163969929、6403404743、6141528874、7252591141、2422187030、3929451628、5585595300、3218189385、5223211879、5973773845、5316197805、6961996793、2807546142、7189307387、5940939594、1639653827、3187919294、6914667763、6434383749、5656235692、6811944381

2）个性化信息推荐

以用户"6698291009 电影格子"为例，其所在聚类群组序号为 4。基于协同过滤推荐的基本思想，便可以将邻居用户在下一个时间窗口发布、评论、转发、点赞的微博信息推荐给用户"6698291009 电影格子"，具体结果如表 8.28 所示。

表 8.28 基于用户兴趣漂移特征的微博信息推荐示例

微博用户 ID	昵称		推荐微博信息
1579489115	MissKeh	发布 0	
		评论 47	罗马是一个关于无产阶级的影片用的是一个完全资产阶级的影像哈哈哈哈，娄导好有趣 ……
		转发 0	
		点赞 46	【盘点电影里的少女形象】\ 45、《恋空》（2007）\ 盘点了那么多少女\ 没有 Gakki 这张 18 岁的初恋脸似乎不科学\ 至于剧情是什么\ 不重要了 ……
1712496483	启蒙电影	发布 10	一部韩国奇幻电影，结局真是有够催泪的！由河正宇、车太贤、朱智勋、金香奇主演 美国科幻动作片，《头号玩家》完\ ·整版，豆瓣评分 8.7～码住慢慢看～玩游戏不一定要赢
		评论 1	不好意思了，已经没有了
		转发 7	《战狼2》票房 50 多亿！ 《大话西游》真的看懂了么？孙悟空喜欢的是紫霞仙子，而至尊宝爱的却是白晶晶。 ……
		点赞 41	韩国热门电影《寄生虫》高清完整版来了，喜欢的先马后看； 美国科幻动作片，《头号玩家》完·整版，豆瓣评分 8.7～码住慢慢看～玩游戏不一定要赢《与神同行》完·整·版#电影#！码住～一部韩国奇幻电影，结局真是有够催泪的！由河正宇、车太贤、朱智勋、金香奇主演； ……
5195253720	原益影谈	发布 2	你好，九月[爱你][爱你][爱你]； 昨天，2019 年暑假档（6 月 1 日～8 月 31 日）以 176.48 亿票房收官。比 2018 年暑假档票房增长了 1.6%。根据灯塔数据显示，2019 年暑假档观影人次和票价高于往年，上座率下降。2019 年暑假档 TOP10 影片：1.《哪吒之魔童降世》46.8 亿；2.《烈火英雄》16.3 亿；3.《蜘蛛侠：英雄远征》14.1 亿；4.《扫毒2：天地对决》13.0 亿… ……
		评论 45	《小小的愿望》真是一波三折！6 月 25 日，《伟大的愿望》改名为《小小的愿望》。在 7 月 5 日，片方宣布原定于 7 月 18 日上映的《小小的愿望》撤档。8 月 27 日，导演田羽生发文称"大功告成"，并配《小小的愿望》剧照。随后，《小小的愿望》宣布定档 9 月 12 日上映！《小小的愿望》原版是韩国的《伟大的愿望》，讲述的是 18 岁的少年因为得了绝症即将离世，他的死党得知后，决定帮他实现愿望。影片存在少儿不宜的内容。所以，影片决定退出暑假档，重新删减内容。 韩版的《伟大的愿望》收获了不少的好评！此次中国版的《伟大的愿望》我当然很期待！说到翻拍，不是说照搬原版的内容，而是需要在原版的基础上，结合时代特点进行二次创新。引起观众的共鸣。《小小的愿望》质量如何？9 月 12 日揭晓！

微博用户 ID	昵称	推荐微博信息
5195253720	原益影谈	转发 2
		你好，九月[爱你][爱你][爱你] 9 月 4 日，娄烨新片《兰心大剧院》在威尼斯电影节首映，并宣布影片将于 12 月 7 日在内地上映。\ \ 影片由巩俐，赵又廷等主演。讲述了女星于堇（巩俐饰）受到邀请从香港回到上海，出演《狐步上海》，而她回到上海真实目的是为盟军收 ...
		点赞 86
		俄罗斯电影《黑色闪电》。男主 Dima 的父亲送给他一辆老牌伏尔加老爷车，没想到这是苏联科学家制造的高科技能源会飞的汽车。父亲喜欢见义勇为，而男主不想多管闲事，男主的心态害了父亲。\ 父亲的教诲让男主意识到能力越大责任越大，开始见义勇为。凭借会飞的车，...... ......

8.3.3　结果评价

基于用户兴趣漂移特征的用户聚类方法是融入用户兴趣漂移特征的微博信息个性化推荐方法核心，所以此部分重点评价用户聚类方法的科学性。具体而言，引入聚类中常用评价指标准确率进行对比，即以发布、评论、转发、点赞等单项行为内容提取的主题进行用户聚类，进而与基于用户兴趣漂移特征的用户聚类结果进行比较。

为了评价各种聚类方法的准确率，首先需要对上述 100 名微博用户的个人兴趣进行人工分析。通过分析 100 名用户的微博基本信息、关注用户主要类别及用户发布、评论、转发、点赞四类行为内容，可以根据其实际兴趣形成 5 个聚类以形成参照聚类结果，如表 8.29 所示。其中，第 4 类主题为"电影"，该类用户主要为微博基本信息涉及电影、主要关注用户为电影类用户，而且四类行为内容均有与电影相关的内容。最终根据兴趣主题词来表达其分类主题，0 类主题为"美食"、1 类主题为"文艺"、2 类主题为"旅行"、3 类主题为"情感"。

表 8.29　基于人工分类的参照聚类结果

群组序号	群组微博用户 ID
0	2632577174、6035379902、6823581852
1	1790111544、2118617661、2290890825、3609043153、5237097933、5331214397、5455663851、5510080387、55946094045、6294463338、6496283617、6523501738、6554528413、6589037600、7006406196、1772778695
2	2091011745、2533837991、2835220472、3213703123、5298031899、5483053322、5661333003、6016517723、6605402112、6932498276、6988225812、7038341196、7063894747、1218198825、1171216965、5337580021、6452863425、5666474513

续表

群组序号	群组微博用户 ID
3	3115037、3120424092、6587511627、3024584024、2696263133、2721844763、3177571541、5242408156、5398383848、5786538118、6307453294、6317416881、6484997274、6517189473、6524691166、7011176247、7215306423、7276546184、7278721937、5237163481、1616864722、1043236817、6263013741、624042706
4	1712496483、2422187030、2807546142、3218189385、3929451628、5223211879、5316197805、5595989090、5940939594、5973773845、6044411679、6129274395、6141528874、6172184029、6403404743、6518656910、6573835722、6698291009、6961996793、7189307387、7252591141、6434383749、6509795891、6811944381、6875792357、7163969929、1639653827、3187919294、5517026248、5585595300、5594610533、5656235692、6914667763、5195253720、1579489115、6678713385、5018841275、7098698616、6609136320

　　然后，对 100 名微博用户在 week4 时间窗口下的发布、评论、转发、点赞等行为的内容进行主题挖掘，并据此进行聚类，从而会产生 4 种不同的聚类结果。以用户发布行为内容为例，对 100 名用户根据其 week4 时间窗口下的用户发布行为内容进行主题挖掘，并据此进行用户聚类，聚类运行结果如图 8.3 所示，聚类结果如表 8.30 所示。

```
In[1]:runfile('D:/pythonworkspace/au/k-means.py', wdir='D:/pythonworkspace/au')
Building prefix dict from the default dictionary ...
Loading model from cache C:\Users\jiang\AppData\Local\Temp\jieba.cache
Loading model cost 2.365 seconds.
Prefix dict has been built successfully.
Predicting result: [4 4 4 4 2 4 3 4 2 4 4 3 2 3 3 4 3 2 3 2 4 1 4 4 4 2 4 3 1 2 4 0
2 4 2 2 4 0 4 2 4 1 4 4 2 3 2 4 3 1 3 3 0 3 0 1 1 3 0 4 0 2 1 3 3 1 1 3 0
1 1 4 2 0 2 2 2 4 1 1 2 2 3 2 1 2 4 3 1 2 3 4 3 4 4 2]
```

图 8.3　基于用户发布行为内容的用户聚类运行结果

表 8.30　基于用户发布行为内容的用户聚类结果

群组序号	群组微博用户 ID
0	5331214397、5455663851、6035379902、2632577174、7189307387、6961996793、6823581852、5510080387
1	7163969929、6589037600、1639653827、2118617661、2807546142、1790111544、2290890825、3609043153、5237097933、7006406196、1772778695、3120424092、3187919294、6554528413、3218189385、6587511627
2	6988225812、2835220472、2091011745、6932498276、6605402112、5242408156、5661333003、1171216965、5483053322、7038341196、2721844763、3177571541、1218198825、6452863425、6523501738、3213703123、6518656910、5517026248、7063894747、6016517723、6875792357、5298031899、2533837991、5666474513、7252591141、5337580021、6496283617
3	5316197805、5223211879、6484997274、1043236817、7276546184、6240427065、6698291009、7011176247、6517189473、1616864722、6294463338、7278721937、7215306423、6263013741、5237163481、55946094045、5786538118、6573835722、3115037、6524691166
4	1579489115、6044411679、6678713385、5940939594、5973773845、2422187030、5195253720、7098698616、5018841275、6434383749、1712496483、2696263133、5585595300、6811944381、6141528874、5594610533、6172184029、6609136320、3024584024、6129274395、6403404743、6509795891、6914667763、5398383848、3929451628、6307453294、5595989090、5656235692、6317416881

最后，将基于用户兴趣漂移特征用户聚类结果与上述 4 种聚类结果进行准确率的比较分析。准确率的计算公式如式（8.8）所示：

$$V = \frac{C_i}{T} \tag{8.8}$$

式中：V 表示聚类结果的准确率；C_i 表示聚类结果中第 i 个聚类群组与参照聚类结果中同一群组最多重叠用户的数量；T 表示所有聚类用户的数量。

聚类结果准确率的比较如表 8.31 所示。可以发现，基于用户兴趣漂移特征的用户聚类方法的准确率相对较高，达到了 87%，并远远高于另外 4 种聚类结果，从而证明了方法的科学性。

表 8.31　聚类结果准确率的比较

聚类方法	准确率/%
基于用户兴趣漂移	87
基于用户发布行为	68
基于用户评论行为	74
基于用户转发行为	56
基于用户点赞行为	62

第 9 章　社交网络群推荐服务优化

在社交网络中，基于用户之间的互动会涌现出各种类型的社交群体。由于社交群体的复杂性与多样性，传统的针对单个用户的个性化信息推荐服务并不能很好地适用于群体用户。由此为社交网络群体用户提供精准的个性化信息推荐服务便成为当前个性化信息推荐领域的一个重要研究方向。本章将结合第 6 章和第 7 章发现的群体层面社交网络信息交流行为规律，通过引入社会影响因素，研究社交网络群推荐服务优化问题。

9.1　社交网络群推荐服务概述

9.1.1　群推荐的基本概念

虽然推荐服务系统已经在互联网各个领域中得到了广泛的应用，但是当前的推荐服务系统主要还是针对单个用户。就人的本性而言，绝大多数的个体倾向于采取群体活动，相关的研究发现也表明很多互联网活动是以群体为单位来开展的（Pera et al.，2012），如好友聚餐、家庭旅游、团体购物等。显然，在这些场景之中，推荐服务系统需要能够针对群体进行推荐，为群体决策与行动提供更加有效的支撑。由此，伴随着推荐服务系统技术的不断升级，推荐服务系统的对象也得到进一步拓展，由面向个体用户的个性化信息推荐延伸至面向群体用户的群推荐。群推荐就是推荐服务系统根据群体偏好向群体推荐其可能感兴趣的信息，即推荐系统将群体用户的偏好融合得到群体偏好，进而根据群体偏好进行群推荐。因为群体并不仅仅是个体的简单叠加，而最终又需要将群体视为一个整体，所以相较于个性化信息推荐，群推荐需要考虑更为复杂的因素，也将面临更多的挑战。

9.1.2　群推荐中的兴趣融合策略

面向个体用户的个性化信息推荐需要针对个体用户进行兴趣建模，而面向群体用户的群推荐需要在融合群体内所有个体用户的兴趣模型的基础上形成群体兴趣模型。由此，兴趣融合问题是群推荐实现的关键之一。Masthoff（2004）依据总体满意度、公平性、可理解性等要求，提出了 10 种兴趣融合策略。

（1）多数票制策略：每位成员为自己最喜欢的一个或多个项目进行投票，统计各项目的票数并选取票数高的项目生成群推荐列表。

（2）功利策略：包括求和策略和连乘策略。求和策略是将每个成员对每个项目的评分相加得到每一项目的最终评分，进而得到所有项目的评分列表，根据评分高低生成推荐列表。连乘策略是将每个成员对每个项目的评分相乘得到每一项目的最终评分，进而得到所有项目的评分列表，根据评分高低生成推荐列表。

（3）Borda 计数策略：每个成员按照个人偏好得到个人偏好列表，各项目在列表中的位置决定了该项目在该成员处获得的积分，成员最不喜欢的项目积分为0，倒数第二个项目积分为1，以此类推。单个项目的总积分为该项目从所有成员处得到的积分之和，根据最终积分的高低生成群推荐列表。

（4）Copeland 策略：各项目之间两两比较，由双方在大多数群组成员心目中的胜负关系决定各项目的评分，胜者积 1 分；负者积–1 分；若排名相同，则积0 分。每个项目得到的积分之和就是该项目的总积分，并根据总积分的高低生成推荐列表。

（5）许可投票策略：在成员可以接受某个项目的基础上对项目进行投票，以使得成员都能够按照自己的意愿进行投票，综合成员的投票结果得到群推荐列表。

（6）最小痛苦策略：从所有成员对某一项目的评分结果中选择最低评分作为该项目的群体评分，然后在这些最低分中选择得分相对较高的项目优先进行推荐，即最不喜欢该项目的成员的意见最重要。

（7）最大幸福策略：从所有成员对某一项目的评分结果中选择最高评分作为该项目的群体评分，然后在这些最高分中选择得分相对较高的项目优先进行推荐，即最喜欢该项目的成员的意见最重要。

（8）痛苦避免均值策略：在设定一个痛苦阈值的基础上，将所有高于该阈值的群体评分的平均值作为群组评分得到群推荐列表，低于痛苦阈值的项目不在群推荐列表中出现。

（9）公平策略：每次推荐轮流选择成员的评分作为群体评分得到群推荐列表。每个成员可以选择自己最喜欢的项目，如果两个项目的喜欢程度相同，那么就依据其他成员的喜好再做决定，直到每个人都作出了决定。然后再选择第二喜欢的项目，以此类推，产生最终的群推荐列表。

（10）最受尊敬者策略：根据成员的影响力、信任度和专业度，从群体中选择一个最受尊敬的人，将其评分作为群体评分得到群推荐列表。

9.1.3　社交网络中的群推荐服务

社交网络提供了一个将虚拟和现实结合起来的多维空间，使得人类可以以职业、爱好等各自真实的面貌聚集成不同的"部落"。在社交网络中，用户通过各种无意识的、有意识的信息交流行为，与有共同兴趣爱好的好友紧密地连接在一起，形成了各种社群。依托这些社群，各种以群体为组织形式的社交网络活动不断开展，成为社交网络中一种极为普遍的社会现象。在社交网络时代，群推荐的应用场景将更为广阔，表 9.1 列举了一些典型的群推荐系统应用（张玉洁 等，2016）。

表 9.1　群推荐系统的典型应用

应用领域	群类型	典型应用
新闻群推荐	自主建群	Let's Browse
书籍群推荐	自主建群	GRec_OC
旅游群推荐	临时群	CATS
音乐群推荐	临时群	MusicFX
电影群推荐	自主建群	Netflix
餐饮群推荐	临时群	Pocket RestaurantFinder
⋮	⋮	⋮

9.2　兴趣传播视角下的群推荐方法：以微博超话为例

无论是个性化信息推荐服务，还是群推荐服务，其核心都是挖掘个体（或群体）用户的兴趣。依据基于人类动力学的社交网络信息交流行为规律，个体用户对于某一事物或活动的兴趣并非一成不变，通过社交网络信息交流行为的交互影响，个体用户的兴趣会发生变化并由此带动群体兴趣的变化。本节将以第 6 章和第 7 章发现的社会影响现象为突破口，以微博超话为例，揭示社交网络群体内部兴趣传播本质，探索社交网络群推荐服务优化方法。

9.2.1　微博超话内部兴趣传播的本质

超话是新浪微博推出的一项新功能，旨在将兴趣相似的用户集合在一起，形成因不同类型话题而聚集的兴趣团体，从而进一步拓展新浪微博的社会化功能。微博超话中存在大量以不同类型的事件或人物为中心形成的兴趣团体。在兴趣团体内，各成员通常围绕某一固定范围内的相关话题展开讨论，成员参与话题讨论的行为方式一般有发布微博、点赞微博、转发微博、评论微博等。用户的行为和决策过程会在不同程度上受到所在群体中其他成员的影响。对于微博超话而言，这个影响的过程就是通过群体信息交流行为来完成的，其外在表现之一就是微博超话内部兴趣传播。具体而言，兴趣传播可以理解为，每个用户存在一个初始兴趣，且用户的兴趣向量会在用户关联图上进行随机游走，其游走的过程在微博超话中可以表示为用户与其他用户交互的过程，这种兴趣的游走现象会使得关联图上每个用户的兴趣不断更新（廖大强 等，2015）。

从本质上讲，微博超话内部兴趣传播就是来自微博超话群体对个体用户的社会影响，包括信息性社会影响和规范性社会影响。正如第 6 章所分析的，信息性社会影响是个体认可他人的信息，并把他人的信息当作是事实依据。在微博超话内部，个体用户如果认可其他用户，往往会通过接受其他用户的信息从而改变自己的兴趣，进而实现微博超话内部兴趣传播。规范性社会影响来源于个体渴望被群体接纳的想法，它能够让个体服从于对其重要的人的期望，由此会产生归属感。微博超话具有典型的社交性质让群体成员都具有群体意识，而群体行为会对群体成员产生规范压力，促使他们去仿效和遵从，从而改变自己的兴趣，进而实现微博超话内部兴趣传播。

9.2.2　兴趣传播的影响因素分析

微博超话内部兴趣传播的本质是群体对个体用户的社会影响，由此决定了影响兴趣传播的关键因素就是群体成员的影响力。事实上，在社交网络中，不同的用户间影响力存在差异，基于影响力的不同用户也发挥着不同的作用。用户影响力的分析对社交网络中的信息传播、链路分析、突发事件检测等问题的研究具有重要意义（王金喆，2017）。用户影响力的大小会影响其所发布的消息在社交网络中的传播速度、覆盖的范围与深度，因此计算网络中用户的影响力，并找出关键用户对分析网络中信息的传播机制具有重要作用（丁兆云 等，2014）。同样，用户影响力的大小也会影响社交网络中的兴趣传播过程。

目前，关于微博用户影响力的研究已经具有一定的成果，粉丝数与博文数（张琳 等，2016）、用户活跃度（康书龙，2011）、转发率与评论率（刘玲 等，2017）等都是学者进行微博用户影响力评价时考虑的重要因素。为了对相关因素进行综合考虑，本节将借鉴 H 指数的思想来对微博用户影响力进行计算。H 指数是一种综合考虑学者论文的数量与质量的学者评价指标，Hirsch（2005）将其定义为"如果一个学者总共发表的论文数为 N_p，其中有 h 篇论文的被引次数都大于或者等于 h，其他的 $N_p - h$ 篇论文被引次数都小于 h，则该学者的科研水平指数就为 h"。目前，已有极少数学者将 H 指数用于微博用户影响力评价（王林 等，2018），以 H 指数的思想分别构建了转发 h 指数（ht）、评论 h 指数（hc）与点赞 h 指数（hl），并论证其有用性。在此基础上，本节通过分析微博中用户转发、评论与点赞的频率，对 *ht*、*hc* 与 *hl* 指数进行了重要性衡量，为其分配权重从而进行整合，用整合的值来评价微博用户影响力。

9.2.3　基于兴趣传播的微博超话群推荐方法

理论上分析，影响群推荐的因素主要有社会选择与社会影响（何军 等，2018），而目前的群推荐方法大多基于社会选择理论。社会选择是同质性的作用机理，即兴趣特征相似的人更有可能建立关系，用户依据自身的兴趣来与其他用户或项目产生联系，表现于群推荐上则是基于各个用户的历史兴趣来推断其选择不同项目的可能性，并综合各个用户的兴趣值来得到整个群体对推荐项目的评分。与社会选择不同，社会影响指人们的决策易受到外部环境或有交互关系的其他人的影响，即用户在进行决策时会参考他人的意见，来自外部的因素会影响用户最后做出的决策，表现于群推荐上则是群体中不同个体的兴趣会受到规范性社会影响和信息性社会影响，由此需要判断来自外部的影响强度及每个个体受到外部影响的程度，并综合个体受到的影响来得到外部因素对整个群体造成的影响，最后将造成的影响与目标资源相关联从而进行推荐。事实上，社会选择因素和社会影响因素各有侧重，在具体应用过程中可以将两者有机融合。

基于以上分析，本节将群推荐服务目标定位为以兴趣传播为切入点，综合考虑社会选择与社会影响因素，面向微博超话群体推荐其感兴趣的话题。首先，从评价群体中各个用户的影响力出发，分析不同用户的影响力，并找到群体中最具影响力的节点；随后，揭示话题在群体中的传播规律，并分析不同影响力的用户在话题传播中发挥的作用；在此基础上，进一步建立群体中不同成员的兴趣特征模型，形成对推荐项目进行评价的基础；最后，结合各个用户在话题传播中的作用及其兴趣特征模型得到群体兴趣特征模型，从而进行群推荐。

图 9.1 描述了基于兴趣传播的微博超话群推荐方法架构。首先，利用用户历史发文的被转发数、评论数与点赞数等情况来计算用户的影响力，并在此基础上找出影响力较高的核心用户；随后从用户的博文内容中提取出相关信息来分别构建核心用户与兴趣群整体的兴趣特征模型，结合核心用户的影响力及其兴趣特征来预测不同类型资源在群体内的传播情况及造成的兴趣传播现象，得到基于兴趣传播的资源得分（社会影响作用），计算兴趣群整体兴趣与资源间的匹配程度，得到基于特征相似性分析的资源得分（社会选择作用）；在得到基于兴趣传播与相似性的资源得分的基础上，最后需进一步结合推荐群体的特性（即社会选择作用与社会影响作用对群体的影响程度）对得分进行整合，从而得到考虑兴趣传播的资源评分，将资源排序后推荐给群体中的核心用户，利用核心用户的影响力来实现资源的扩散，资源的扩散会产生兴趣传播现象，使得群体的兴趣值再次发生变化，从而进入下一个循环。

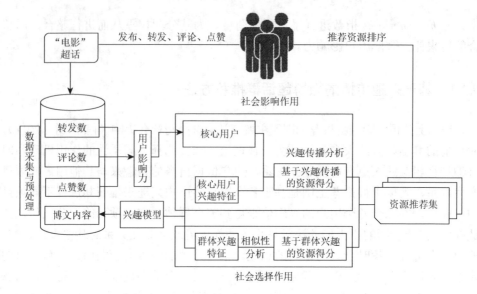

图 9.1　基于兴趣传播的微博超话群推荐方法架构

9.3　实　验　分　析

9.3.1　数据采集与预处理

本节采用了以"电影"为核心话题展开的兴趣团体的超话数据，也就是数据集 D。具体而言，本节实验数据的时间段为 2019 年 1 月 1 日至 2019 年 9 月 11 日，共涉及"电影"兴趣团体用户发布的 10097 条博文，其数据格式如表 9.2 所示。

表 9.2　初始的"电影"博文数据集格式

博文 ID	内容	点赞数	评论数	转发数	时间	用户名	用户 ID
1	你应该有些事是不想再…	0	0	0	2019/9/7	陈不期	5517026248
2	发布了头条文章：《…	5	19	0	2019/9/6	爱说故事的…	5817713813
3	发布了头条文章：《…	17	31	0	2019/9/3	爱说故事的…	5817713813
4	奥斯卡最佳纪录片《徒…	1	1	0	2019/9/7	乌拉经典影…	3017927574
5	《战狼 2》票房 50 多…	85	18	11	2019/9/4	启蒙电影	1712496483
⋮	⋮	⋮	⋮	⋮	⋮	⋮	⋮

为了更好地进行后续实验分析，需要对数据进行清洗、排序与汇总等工作。在表 9.2 所示数据中，用户 ID 为发文用户的统一标识符且具有唯一性，对用户 ID

进行去重处理，共得到 1309 个不同用户。将 1309 个用户的所有博文进行整合，并按照用户发文数量对表 9.2 中的数据进行排序，结果如表 9.3 所示。总体来看，1309 名用户的发文数分布在 1~496，用户"解忧电影局"的发文数为 496，在 1309 名用户中最高，"左拇食指"等用户发文数为 1。

表 9.3　预处理后的"电影"博文数据集

用户 ID	内容	点赞数	评论数	转发数	时间	用户名	博文数
6573835722	《我和我的祖国》七大…	0	0	0	2019/9/7	解忧电影局	496
6573835722	《护航》文牧野执，1…	0	0	0	2019/9/7	解忧电影局	496
6573835722	爱情呼叫转移<br …	563	81	72	2019/8/31	解忧电影局	496
6573835722	《白昼流星》陈凯歌执…	1	0	0	2019/9/7	解忧电影局	496
6573835722	十分钟年华老去 小号…	1	0	0	2019/9/7	解忧电影局	496
6573835722	徐峥黄渤 合唱《往事…	0	0	0	2019/9/7	解忧电影局	496
6573835722	看到了《回归》这部分…	0	0	0	2019/9/6	解忧电影局	496
6573835722	Netflix 与《黑…	1	0	1	2019/9/6	解忧电影局	496
6573835722	惊悚恐怖片！《准备好…	4	0	3	2019/9/6	解忧电影局	496
6573835722	生活从来都不容易，当…	2	1	0	2019/9/6	解忧电影局	496
⋮	⋮	⋮	⋮	⋮	⋮	⋮	⋮

9.3.2　实验过程

1. 用户影响力计算

考虑到发文数量与用户影响力的关系，本节选择发文数前 50 的用户数据（博文数分布在 46~496）进行影响力评价。在计算用户影响力之前，首先统计了该兴趣团体内博文的平均点赞数、评论数与转发数，其值分别为 37.780、4.719、8.390。可以发现，点赞行为发生率最高、转发行为发生率次之、评论行为发生率最低，即可理解为用户对博文的评论行为代表着其对博文具有最高的认可度，随后是转发行为、点赞行为。因此，在用户影响力的计算中，为 hc 指数赋予最高的权重，其次是 ht 指数，最后是 hl 指数。基于此，并考虑到 50 名用户的实际情况，用户影响力的计算方法如式（9.1）所示。

$$I = 0.2hl + 0.3ht + 0.5hc \tag{9.1}$$

利用式（9.1）可以计算 50 名用户的影响力，总体分布在 0.700~31.200，部分结果如表 9.4 所示。

表 9.4　用户影响力部分结果

用户 ID	用户名	hl	ht	hc	I
6403404743	电影圈萌主	38	32	28	31.200
6609136320	花心弥漫	35	7	39	28.600
5594609404	mmmyccc	34	13	22	21.700
1712496483	启蒙电影	34	20	16	20.800
5973773845	电影小老哥	20	7	12	12.100
5517026248	陈不期	17	6	13	11.700
6573835722	解忧电影局	20	12	8	11.600
6523501738	闷墩儿晨	11	6	12	10.000
1639653827	火星美剧	15	9	8	9.700
7163969929	影视小萌主	8	3	12	8.500
⋮	⋮	⋮	⋮	⋮	⋮

对比表 9.3 与表 9.4，可以发现基于博文数与基于影响力的用户排序结果存在一定差异。用户"解忧电影局"按博文数排序第 1，按影响力排序第 7，这说明其发文量大，但是具有影响力的博文数量少于其他用户。由此，借鉴 H 指数的思想来计算用户影响力，综合考虑了用户的发帖数量与质量，避免了仅考虑博文数与粉丝数计算用户影响力从而产生的与实际结果间的偏差，可以较为合理地评价用户影响力。

2. 群体兴趣模型建立

本节通过对热度较高的博文进行挖掘来建立群体兴趣特征，热度较高的博文即群体内用户点赞、转发与评论数较高的博文，博文热度 P 计算参照用户影响力的计算方法如式（9.2）所示。

$$P = 0.2l + 0.3t + 0.5c \tag{9.2}$$

式中：P 为博文的热点；l 为博文的点赞数；t 为博文的转发数；c 为博文的评论数。

在所选取的"电影"兴趣群体内，用户的博文内容通常由用户对电影的简短介绍、电影名与电影相关视频组成。为了便于研究，本节仅从电影名来寻找电影的相关信息，对电影信息进行抽取从而提取用户兴趣特征。建立群体兴趣特征模型时，电影的选取需综合考虑热度与时间因素。考虑到该兴趣群体以"电影"为话题聚集，电影的上映与下架存在周期性，围绕电影而展开的话题讨论也存在一定的动态性,本节将所收集到的博文以月为单位进行划分,从 2019 年 4 月 11 日到 2019 年 9 月 11 日划分为 5 个集合的相关博文(2019 年 1 月到 2019 年 3 月的博文距今过长,难以反映群体当前兴趣),从 5 个集合内分别选取 1 部电影,共选取 5 部电影。首先利用式(9.2)计算月度内博文的热度,随后选取月度内热度最高的博文中涉及的电影来表示该月度的群体兴趣。在选取相关电影后从豆瓣电影上找到电影的类型、导演与演员信息来表示电影的特征(导演仅选取一位,演员仅选取排名前三的主要演员),选取的 5 部电影信息如表 9.5 所示。

表 9.5　兴趣群体-电影相关信息

月度	电影名	类型	导演	演员
4～5	怪医杜立德	喜剧、家庭、奇幻	贝蒂·托马斯	艾迪·墨菲、克里丝滕·威尔逊、奥西·戴维斯
5～6	中国女排	剧情	陈可辛	巩俐、吴刚、白浪
6～7	幽灵公主	动画、奇幻、冒险	宫崎骏	松田洋治、石田百合子、田中裕子
7～8	跳舞吧!大象	剧情、喜剧	林育贤	艾伦、金春花、彭杨
8～9	哪吒之魔童降世	剧情、喜剧、动画、奇幻	饺子	吕艳婷、囧森瑟夫、瀚墨

用户的兴趣可由兴趣方向与兴趣度表示,在用电影信息来表示群体兴趣后,群体兴趣可表示为(电影类型,强度)与(电影人物,强度)。同时,为了考虑时间因素引入遗忘函数来调整模型(王林 等,2017),引入遗忘函数对兴趣强度进行调整得到调整后的群体兴趣。调整后的兴趣强度计算方法如式(9.3)所示。

$$X' = X \times \exp\left(-k\frac{t-T_{\min}}{T_{\max}-T_{\min}}\right) \tag{9.3}$$

式中: X' 为考虑时间衰减调整后的群体兴趣强度; X 为调整前的群体兴趣强度,电影类型的强度为表 9.5 中类型一列中词的出现频次即(剧情,3)、(喜剧,3)、…、(冒险,1),电影人物的强度为表 9.5 中导演与演员列中人名的出现频次即(饺子,1)、(吕艳婷,1)、…、(奥西·戴维斯,1); k 为兴趣的衰减速率,本节中取 k 的值为 1; t 为间隔时间,即博文发布时间与数据采集时间的间隔,以月度作为间隔时间,单位为 d,如饺子对应的博文发布时间为 8～9 则 $t=30$,林育贤对应的博文发布时间为 7～8 则 $t=60$; $T_{\min}$ 为最小遗忘时间间隔, $T_{\max}$ 为最大遗忘时间间隔,两者之差用于表示兴趣的遗忘时间区间,本节从表 9.2 的数据中找出 10 部用户讨论较多的电影,并统计相关博文的发布时间,如表 9.6 所示,参考 10 部电影的时间跨度 $T_{\min}$ 取值 35, $T_{\max}$ 取值 234(若 t 的值小于 $T_{\min}$,则认为兴趣不会衰减)。

表 9.6　电影讨论时间跨度

电影名	相关博文数	起始时间	截止时间	时间跨度/d
我和我的祖国	98	7.31	9.11	42
哪吒之魔童降世	291	1.18	9.9	234
上海堡垒	125	6.16	9.11	87
小丑回魂 2	40	7.19	9.10	44
寄生虫	140	5.23	9.8	108
复仇者联盟 4	69	4.6	9.10	148
流浪地球	52	2.27	9.2	187
烈火英雄	97	7.31	9.9	40
狮子王	31	7.13	9.9	58
兰心大剧院	24	7.26	9.8	44
黑暗命运	20	8.7	9.11	35

具体地，以类型-剧情为例，调整前其强度为 3，分别取自其在 8～9、7～8、5～6 三个月度内的出现频次 1，依据式（9.3）对其进行调整，则 8～9、7～8、5～6 三个月度的出现频次调整为 1、1×0.882、1×0.652，调整后的强度为（剧情，2.534），群体-兴趣模型如表 9.7 所示。

表 9.7　群体-兴趣模型

类目	强度
电影类型	剧情-2.534、喜剧-2.443、动画-1.759、奇幻-2.320、冒险-0.759、家庭-0.561
电影人物	饺子-1、吕艳婷-1、囧森瑟夫-1、瀚墨-1、林育贤-0.882、艾伦-0.882…

3. 核心用户兴趣模型构建

考虑到用户影响力大小对兴趣传播的范围、强度具有较大影响，在进行基于影响力传播的资源评分中，选取表 9.4 中影响力排名前 20 的用户作为核心用户来进行基于兴趣传播的资源评分。具体而言，对于选取的核心用户从其近期所发的博文中来挖掘兴趣特征，也就是选取 20 名用户最近发布的博文中涉及的 5 部电影来表示用户兴趣，核心用户-电影相关信息如表 9.8 所示。

表 9.8　核心用户-电影相关信息

用户	电影名	类型	导演	演员
电影圈萌主	王的盛宴…	历史…	陆川…	刘烨…
花心弥漫	大地震…	剧情…	陈静…	曹卫宇…

续表

用户	电影名	类型	导演	演员
mmmyccc	兰心大剧院…	剧情…	娄烨…	巩俐…
启蒙电影	九品芝麻官…	喜剧…	王晶…	周星驰…
电影小老哥	妖魔大闹唐人街…	喜剧…	约翰·卡朋特…	库尔特·拉塞尔…
陈不期	美国往事…	剧情…	赛尔乔·莱昂内…	罗伯特·德尼罗…
解忧电影局	枪火…	剧情…	杜琪峰…	吴镇宇…
闷墩儿晨	杀死比尔1…	动作…	昆汀·塔伦蒂诺…	乌玛·瑟曼…
火星美剧	白雪公主之魔镜…	剧情…	塔西姆·辛…	雅各布·格林…
影视小萌主	碟中谍7…	动作…	克里斯托弗·麦奎里…	汤姆·克鲁斯…
⋮	⋮	⋮	⋮	⋮

需要指出的是，核心用户兴趣模型构建，主要依据其发布的最新博文所涉及的电影，所以没有考虑兴趣衰减而直接用词的出现频次表示兴趣强度，如表 9.9 所示。

表 9.9　核心用户-兴趣模型

用户	电影类型-强度	电影人物-强度
电影圈萌主	历史-1、喜剧-2、动作-2…	陆川-1、刘烨-1、吴彦祖-1…
花心弥漫	历史-1、剧情-3、喜剧-2…	陈静-1、曹卫宇-1、周星驰-2…
mmmyccc	剧情-5、爱情-2、同性-2…	娄烨-1、巩俐-2、赵又廷-1…
启蒙电影	历史-1、剧情-2、喜剧-2…	王晶-1、杜琪峰-1、周星驰-1…
⋮	⋮	⋮

4. 基于群体兴趣的资源评分

依据核心用户兴趣模型，可以从豆瓣电影上采集 30 部近期热度较高的电影作为推荐资源候选集来描述群推荐过程。推荐资源候选集相关信息如表 9.10 所示。

表 9.10　推荐资源候选集相关信息

用户	电影名	类型	导演	演员
1	续命之徒：绝命毒师电影	剧情；惊悚；犯罪	文斯·吉里根	亚伦·保尔…
2	送我上青云	剧情	滕丛丛	姚晨…

续表

用户	电影名	类型	导演	演员
3	拾芳	传记	高志森	胡杏儿…
4	银河补习班	剧情	邓超	邓超…
5	安娜	动作；惊悚	吕克·贝松	萨莎·露丝…
6	小丑回魂2	恐怖	安德斯·穆斯切蒂	詹姆斯·麦卡沃伊…
7	寄生虫	剧情；喜剧	奉俊昊	宋康昊…
8	仲夏夜惊魂	剧情；悬疑；惊悚；恐怖	阿里·艾斯特	佛罗伦斯·珀…
9	保持沉默	剧情；悬疑	周可	周迅…
10	极限逃生	喜剧；动作；灾难	李相槿	曹政奭…
⋮	⋮	⋮	⋮	⋮

在基于群体兴趣的资源评分中，主要考虑词语出现的频次与覆盖率，计算方法如式（9.4）所示。

$$S_p = \sum \frac{T_{1(i)}S_{p1(i)}}{T_{2(i)}} + \sum \frac{T_{3(j)}S_{p2(j)}}{T_{4(j)}} \tag{9.4}$$

式中：S_p 为基于群体兴趣的资源得分；S_{p1} 为电影类型得分；T_1 为电影中具有分值的类型词语总数；T_2 为类型词语总数；S_{p2} 为电影人物得分；T_3 为电影中具有分值的人物词语总数；T_4 为人物词语总数。如电影"续命之徒：绝命毒师电影"其类型得分为剧情-2.534、惊悚-0、犯罪-0，人物得分为 0，则该电影的评分为 $(2.534 + 0 + 0) \times 1/3 + 0$，同时为了后续整合评分对所有评分进行了归一化处理映射到[0, 1]。30 部电影基于群体兴趣的资源得分如表 9.11 所示。

表 9.11　30 部电影基于群体兴趣的资源得分

排序	电影名	得分	归一化得分	排序	电影名	得分	归一化得分
1	大侦探皮卡丘	7.281	1.000	8	送我上青云	2.534	0.348
2	玩具总动员4	6.522	0.896	9	银河补习班	2.534	0.348
3	狮子王	5.052	0.694	10	深夜食堂	2.534	0.348
4	寄生虫	4.977	0.684	11	保持沉默	1.267	0.174
5	无名之辈	4.977	0.684	12	柳烈的音乐专辑	1.267	0.174
6	花椒之味	3.095	0.425	13	铤而走险	1.267	0.174
7	罗小黑战记	2.719	0.373	14	烈火英雄	1.267	0.174

续表

排序	电影名	得分	归一化得分	排序	电影名	得分	归一化得分
15	疯狂的外星人	1.222	0.168	23	蜘蛛侠：英雄远征	0.253	0.035
16	续命之徒：绝命毒师电影	0.845	0.116	24	拾芳	0.000	0.000
17	高草丛中	0.845	0.116	25	安娜	0.000	0.000
18	使徒行者 2：谍影行动	0.845	0.116	26	小丑回魂 2	0.000	0.000
19	恶人传	0.845	0.116	27	沉默的证人	0.000	0.000
20	极限逃生	0.814	0.112	28	在黑暗中讲述的恐怖故事	0.000	0.000
21	仲夏夜惊魂	0.634	0.087	29	流浪地球	0.000	0.000
22	X 战警：黑凤凰	0.253	0.035	30	速度与激情：特别行动	0.000	0.000

5. 基于兴趣传播的资源评分

考虑到用户的博文发布行为及其影响力提出以下设定：

（1）用户对电影的兴趣强度须达到一定阈值才会发布与电影相关的博文；

（2）用户发布的与电影有关的博文数量、质量与其对电影的兴趣强度有关，即用户对电影的兴趣越大，则其发布的与电影相关的博文数量越多、质量越高；

（3）博文的传播范围与强度受到博文数量、质量与用户影响力的综合影响。

由此，基于兴趣传播的资源评分计算方法如式（9.5）所示。

$$S_d = \begin{cases} 0, & K - K' < 0 \\ \left[1 + \dfrac{(K - K')}{K'}\right] \times I, & K - K' \geqslant 0 \end{cases} \tag{9.5}$$

式中：S_d 为基于兴趣传播的资源得分；K 为核心用户对电影的兴趣强度；K' 为核心用户对电影的兴趣强度阈值，若 K 达到 K' 值，则用户会传播与该电影相关的博文，K 超出 K' 的值越多，则用户发布的相关博文数量越大、质量越高；I 为用户的影响力。

K 值的计算方法如下：

$$K = \sum \frac{T_{1(x)}\left(K_{1(x)} - 1\right)}{T_{2(x)}} + \sum \frac{T_{3(y)}\left(K_{2(y)} - 1\right)}{T_{4(y)}} \tag{9.6}$$

式中：K_1 为核心用户关于电影类型的得分，考虑到类型词的出现频次，设置其出现频次不小于 2 时具有得分，从而控制词出现的偶然性，当 $K_1 - 1 < 0$ 时取值为 0；K_2 为核心用户关于电影人物的得分，当 $K_2 - 1 < 0$ 时取值为 0 设 $K_2 - 1 = 0$。就电影"续命之徒：绝命毒师电影"而言，用户"花心弥漫"的类型得分为剧情-3、惊悚-0、

犯罪-1，人物得分为 0，则用户"花心弥漫"对该电影的评分为(3-1+0+1-1)×1/3+0，同时为了后续整合评分，对所有评分进行了归一化处理映射到[0, 1]。

　　基于式（9.5）和式（9.6）计算每位核心用户对于推荐资源集的评分，取兴趣阈值 $K'=3$，将核心用户评分之和作为 30 部电影基于兴趣传播的评分，结果如表 9.12 所示。

表 9.12　基于兴趣传播的资源得分

排序	电影名	用户	K 值	I 值	得分	归一化得分
		电影圈萌主	6.000	31.200	62.800	/
		花心弥漫	0.333	28.600	0.000	/
1	X 战警：黑凤凰	mmmyccc	0.000	21.700	0.000	/
		⋮	⋮	⋮	⋮	⋮
		和值	/	/	97.383	1.000
		电影圈萌主	0.000	31.200	0.000	
		花心弥漫	2.000	28.600	0.000	
2	银河补习班	mmmyccc	4.000	21.700	28.333	
		⋮	⋮	⋮	⋮	⋮
		和值	/	/	62.617	0.643
⋮	⋮				⋮	⋮
		电影圈萌主	0.667	31.200	0.000	/
		花心弥漫	0.667	28.600	0.000	/
30	狮子王	mmmyccc	1.333	21.700	0.000	/
		⋮	⋮	⋮	⋮	⋮
		和值	/	/	0.000	0.000

6. 整合后的资源评分

　　分别计算出基于群体兴趣与兴趣传播的资源得分之后，还需要依据群体的特征对得分进行整合，从而得到整合后的资源评分。整合的方法如式（9.7）所示。

$$S=(1-\alpha)S_p+\alpha S_d \tag{9.7}$$

式中：S_p 和 S_d 分别为经过归一化处理后的基于群体兴趣与兴趣传播的资源得分；α 为调节系数，通过分析群体特征来进行取值；S_p 为基于自身兴趣的得分主要受社会选择因素的作用，S_d 为基于兴趣传播的得分主要受社会影响因素的作用，即兴趣群体受社会选择因素的作用越大，则 α 取值越小，受社会影响因素的作用越大，则 α 取值越大。

　　在本节中，通过衡量群体兴趣的变化程度来衡量其受社会选择与社会影响因素的作用大小。若群体兴趣较为稳定，则其更易受社会选择因素影响；若群体兴趣变化频繁，则其更易受社会影响因素影响。具体地，通过群体内每个月度热度最高的博文中涉及的电影类型来表示群体当月的兴趣，考虑到兴趣衰减的程度，将当月的兴趣与前两个月的兴趣进行对比来衡量兴趣变化程度。若当月所提及电影类型涉及的 n 个类型词在前两个月都出现过，则兴趣变化程度为 0；若有 m 个词没有在前两个月出现过，则兴趣变化程度为 m/n。分别比较 4～5、5～6、6～7、7～8、8～9 共 5 个月度的兴趣变化程度，结果如表 9.13 所示。

表 9.13　群体兴趣变化程度

月度	当月类型词	前两月类型词	变化程度
4～5	喜剧、家庭、奇幻	剧情、悬疑、犯罪、奇幻、喜剧、爱情	0.333
5～6	剧情	喜剧、爱情、家庭、奇幻	1
6～7	动画、奇幻、冒险	喜剧、家庭、奇幻、剧情	0.667
7～8	剧情、喜剧	剧情、动画、奇幻、冒险	0.5
8～9	剧情、喜剧、动画、奇幻	动画、奇幻、冒险、剧情、喜剧	0
均值	/	/	0.500

如表 9.13 所示，5 个月度群体兴趣变化程度的均值为 0.500，因此取 $\alpha = 0.500$ 来对资源推荐集的得分进行整合，整合后的结果如表 9.14 所示。

表 9.14　整合后的资源得分

排序	电影名	得分	排序	电影名	得分
1	大侦探皮卡丘	0.743	16	蜘蛛侠：英雄远征	0.178
2	X战警：黑凤凰	0.517	17	铤而走险	0.153
3	寄生虫	0.516	18	沉默的证人	0.144
4	银河补习班	0.496	19	续命之徒：绝命毒师电影	0.141
5	送我上青云	0.447	20	保持沉默	0.087
6	无名之辈	0.387	21	烈火英雄	0.084
7	柳烈的音乐专辑	0.368	22	小丑回魂 2	0.083
8	深夜食堂	0.360	23	疯狂的外星人	0.058
9	玩具总动员 4	0.347	24	高草丛中	0.058
10	狮子王	0.342	25	安娜	0.050
11	花椒之味	0.311	26	极限逃生	0.044
12	使徒行者 2：谍影行动	0.259	27	仲夏夜惊魂	0.017
13	罗小黑战记	0.221	28	流浪地球	0.000
14	恶人传	0.216	29	拾芳	0.000
15	速度与激情：特别行动	0.199	30	在黑暗中讲述的恐怖故事	0.000

9.3.3 结果评价

在得到基于群体兴趣的资源评分、基于兴趣传播的资源评分、整合后的资源评分后，按得分高低即可进行面向兴趣群体的资源推荐。为了比较不同推荐方法的效果，将采用准确率指标来进行推荐效果的评价，计算方法如式（9.8）所示。

$$A = \frac{TP}{L} \tag{9.8}$$

式中：A 为准确率；L 为推荐列表的长度；TP 为群推荐列表和测试集的资源重合数。

考虑博文在微博中的扩散时间，主要依据 2019 年 8 月 12 日到 2019 年 10 月 11 日期间提及电影的博文热度来确定群推荐列表的顺序，采用式（9.2）计算博文的热度，并利用与电影相关的博文中热度最高的博文所对应的热度来表示电影热度，最终生成的按热度大小排序的群推荐列表如表 9.15 所示。

表 9.15 群推荐列表

排序	电影名	热度	排序	电影名	热度
1	大侦探皮卡丘	2792.6	16	送我上青云	8.7
2	寄生虫	538.5	17	仲夏夜惊魂	6.8
3	X 战警：黑凤凰	475.3	18	流浪地球	5.8
4	深夜食堂	228.7	19	保持沉默	4.8
5	速度与激情：特别行动	209.7	20	无名之辈	4.5
6	银河补习班	151.5	21	烈火英雄	3.3
7	安娜	82	22	在黑暗中讲述的恐怖故事	2.9
8	蜘蛛侠：英雄远征	80.1	23	疯狂的外星人	2.9
9	使徒行者 2：谍影行动	69.8	24	柳烈的音乐专辑	2.7
10	高草丛中	65.7	25	花椒之味	2.7
11	罗小黑战记	38.7	26	玩具总动员 4	2.5
12	狮子王	25.8	27	恶人传	2
13	小丑回魂 2	23.5	28	铤而走险	1
14	极限逃生	20.1	29	续命之徒:绝命毒师电影	0.5
15	沉默的证人	10.1	30	拾芳	0

考虑到推荐资源的总长度，分别比较推荐列表长度为总长度 10%、20%、30%

时的推荐准确率,即比较长度为 3、6、9 时三种推荐方法的准确率,结果如表 9.16 所示。从评价结果可以看出,当推荐的资源数较少时,整合群体兴趣与兴趣传播的推荐方法具有最好的推荐效果;随着推荐资源数量的提升,基于群体兴趣的推荐效果会得到适当提升,而基于兴趣传播的推荐效果一般,且受推荐资源数量的影响较低。

表 9.16　三种推荐方法的准确率评价结果

推荐列表长度	基于群体兴趣	基于兴趣传播	整合群体兴趣与兴趣传播
3	0.333	0.333	1.000
6	0.667	0.333	0.667
9	0.778	0.333	0.556

通过对比表 9.14 与表 9.11、表 9.12 中的资源得分,还可以发现综合社会选择与社会影响因素得到的推荐结果相较于仅考虑单一因素具有更好的可解释性。例如,通过整合群体兴趣与兴趣传播后排名第一的电影为《大侦探皮卡丘》在基于群体兴趣与兴趣传播的评分中都有较好的评价,即其较为贴合群体的兴趣偏好,且影响力较大的用户也较为有可能发布与其相关的博文;排名第四的电影《银河补习班》,虽然在兴趣传播上具有较高的得分,但因其与群体兴趣的匹配程度较低,故其兴趣传播造成的范围与程度应适当降低,所以其整合后的推荐排序相较于兴趣传播排序进行了适当下降;排名第二的电影《X 战警:黑凤凰》在群体兴趣上的得分仅为 0.035,但其在兴趣传播上具有最高的得分,通过兴趣的传播,即使与群体兴趣匹配程度较低的资源也有可能得到广泛的关注;此外,《狮子王》等在兴趣传播上得分为 0 的电影经过整合后,也可能在推荐列表中排序靠前,这是考虑到除了核心用户,也有部分其他用户会基于兴趣而发布博文,若资源与群体兴趣的匹配程度较高,则其可能通过核心用户之外的其他用户得到传播。

参 考 文 献

巴志超，李纲，毛进，等，2018. 微信群内部信息交流的网络结构、行为及其演化分析：基于会话分析视角[J]. 情报学报，37（10）：1009-1021.

鲍媛媛，2012. 人类行为动力学的实证及生成机制研究[D]. 北京：北京邮电大学.

曹锦丹，兰雪，邹男男，2019. 健康风险认知与信息交互行为关联模型研究[J]. 图书情报工作，63（6）：12-19.

车培荣，王蜀霖，2013. 重大事件下微博用户行为统计分析及建模[J]. 北京邮电大学学报（社会科学版），15（6）：8-16.

陈波，1989. 社会科学方法论[M]. 北京：中国人民大学出版社.

陈明，2013. 数据密集型科研第四范式[J]. 计算机教育（9）：103-106.

邓卫华，易明，2011. 基于信息过程模型的虚拟社区口碑传播研究[J]. 情报资料工作（2）：36-39.

邓小昭，2010. 网络用户信息行为研究[M]. 北京：科学出版社.

邓仲华，李志芳，2013. 科学研究范式的演化：大数据时代的科学研究第四范式[J]. 情报资料工作（4）：19-23.

邓仲华，李志芳，2015. 基于情报学视角的科学研究第四范式需求分析[J]. 情报科学，33（7）：3-6.

丁兆云，贾焰，周斌，等，2014. 社交网络影响力研究综述[J]. 计算机科学，41（1）：48-53.

樊超，2010. 从图书借阅看人类群体和个体行为的动力学机制[D]. 上海：上海理工大学.

方滨兴，贾焰，韩毅，2015. 社交网络分析核心科学问题、研究现状及未来展望[J]. 中国科学院院刊，30（2）：187-199.

高泽锋，王邦，徐明华，2018. 基于主题模型分析与用户长短兴趣的活动推荐[J]. 小型微型计算机系统（4）：625-630.

郭博，赵隽瑞，孙宇，2018. 社会化问答社区用户行为统计特性及其动力学分析：以知乎网为例[J]. 数据分析与知识发现（4）：48-58.

郭进利，汪丽娜，2007. 幂律指数在1与3之间的一类无标度网络[J]. 物理学报（10）：5635-5639.

郝春宇，2015. 第四范式对社会科学研究的方法论意义[D]. 哈尔滨：哈尔滨工业大学.

何军，刘业政，王锦坤，2018. 基于社会选择和社会影响的社交网络社群分类与群推荐策略研究[J]. 现代情报，38（1）：92-99.

胡昌平，胡潜，邓胜利，2015. 信息服务与用户[M]. 4版. 武汉：武汉大学出版社.

黄林橙，2015. 基于社交网络平台的正向 UGC 羊群效应的动力生成机制研究[D]. 北京：北京邮电大学.

黄欣荣，2015. 数据密集型科学发现及其哲学问题[J]. 自然辩证法研究，31（11）：48-54.

蒋武轩，熊回香，叶佳鑫，等，2019. 网络社交平台中社群标签动态生成研究[J]. 数据分析与知识发现，3（10）：98-109.

江志恒，刘乃芩，1988. 论遗忘函数：关于记忆心理学的数学讨论[J]. 心理学动态（3）：58-62.

焦玉，刘衍珩，王健，等，2010. 基于习惯的人类动力学建模[J]. 科学通报，55（11）：1070-1076.

金武刚，陈晓亮，钱国富，等，2008. 图书馆员网络社区信息交流行为实证研究："大旗底下" QQ 群个案分析[J]. 大学图书馆学报（5）：23-29.

金燕，王晓斌，2014. 博客用户信息行为模型研究[J]. 情报理论与实践，37（2）：71-74.

康书龙，2011. 基于用户行为及关系的社交网络节点影响力评价：以微博研究为例[D]. 北京：北京邮电大学.

李峰，沈惠璋，张聪，2012. 我国危机事件下从众意向模型：基于 FISHBEIN 合理行为模型的修正研究[J]. 管理学报，9（3）：451-458.

李楠楠，周涛，张宁，2008. 人类动力学基本概念与实证分析[J]. 复杂系统与复杂性科学，5（2）：15-24.

李若溪，游中胜，田海江，等，2011. 数据密集型科学环境中科技期刊的数字化走向[J]. 编辑学报，23（6）：531-534.

李兴国，2016. 信息管理学[M]. 4 版. 北京：高等教育出版社.

廖大强，印鉴，邬依林，等，2015. 基于兴趣传播的用户相似性计算方法研究[J]. 计算机应用与软件（10）：95-100.

刘红玲，邓明森，任汉卿，等，2014. 人类行为动力学统计特性研究：基于在线电影点播实证数据[J]. 贵州大学学报（自然科学版），31（4）：137-140.

刘慧云，伍诗瑜，2018. 微信用户学术信息交流行为影响因素研究[J]. 图书馆学研究（15）：64-75.

刘丽群，宋咏梅，2007. 虚拟社区中知识交流的行为动机及影响因素研究[J]. 新闻与传播研究，14（1）：43-51.

刘玲，杨长春，2017. 一种新的微博社区用户影响力评估算法[J]. 计算机应用与软件，34（7）：212-216，261.

刘建国，周涛，汪秉宏，2009. 个性化推荐系统的研究进展[J]. 自然科学进展，19（1）：1-15.

卢恒，张向先，张莉曼，等，2020. 会话分析视角下虚拟学术社区用户交互行为特征研究[J]. 图书情报工作，64（13）：80-89.

罗芳，杨建梅，李志宏，2011. QQ 群消息中的人类行为动力学研究[J]. 华南理工大学学报（社会科学版），13（4）：14-19.

马费成，2012. 网络信息序化原理：Web 2.0 机制[M]. 北京：科学出版社.

马费成，2018. 推进大数据、人工智能等信息技术与人文社会科学研究深度融合[J]. 评价与管理，16（2）：1-5.

麦克格雷，1988. 信息环境的演变[M]. 丰成君，邵元溥，译. 北京：书目文献出版社.

毛佳昕，刘奕群，张敏，等，2014. 基于用户行为的微博用户社会影响力分析[J]. 计算机学报（4）：791-800.

米加宁，章昌平，李大宇，等，2018. 第四研究范式：大数据驱动的社会科学研究转型[J]. 学海（2）：11-27.

庞立君，杨洲，2021. 虚拟品牌社区中信息交互对用户参与行为的影响研究[J]. 情报科学，39（7）：108-115.

蒲清平，张伟莉，赵楠，2016. 微文化：特征、风险与价值引领[J]. 中国青年研究（1）：64-69.

乔欢，陈颖颖，2009. 基于沉默螺旋理论的网络信息行为研究[J]. 情报资料工作（2）：33-36.

邱枫，米加宁，梁恒，2013. 基于主体建模仿真的公共政策分析框架[J]. 东北农业大学学报（社会科学版）（4）：71-78.

沙勇忠，阎劲松，苏云，2006. 网络环境下科研人员的信息行为分析[J]. 情报科学，24（4）：485-491.

沈洪洲，史俊鹏，2019. 基于人类动力学的社会化问答社区优秀贡献者行为研究：以"知乎"为例[J]. 情报科学，37（5）：85-91.

宋小康，朱庆华，赵宇翔，2019. 社会化媒体中表情包使用对信息交流效果的实证研究：基于言语行为理论[J]. 情报科学，37（5）：121-128.

孙红英，田宇，2017. 节日营销阵发效应下供应链网络结构稳定性分析[J]. 复杂系统与复杂性科学，14（2）：75-81.

万佑红，王小初，2016. 考虑从众效应的谣言传播模型[J]. 计算机应用，36（9）：2381-2385.

汪荣鑫，2006. 随机过程[M]. 西安：西安交通大学出版社.

王斌，2014. "点赞"：青年网络互动新方式的社会学解读[J]. 中国青年研究（7）：20-24.

王翠英，2012. 社会网络环境下的信息组织与共享研究[J]. 情报资料工作，33（1）：66-69.

王东，2016. 大数据时代科学研究新范式的哲学反思[J]. 科学与社会，6（3）：116-127.

王飞飞，张生太，2018. 移动社交网络微信用户信息发布行为统计特征分析[J]. 数据分析与知识发现（4）：99-109.

王国霞，刘贺平，2012. 个性化推荐系统综述[J]. 计算机工程与应用，48（7）：66-76.

王洪川，郭进利，樊超，2012. 基于群聊天记录的人类行为动力学分析[J]. 计算机应用与软件，29（7）：9-11.

王金喆，2017. 社交网络用户影响力分析[J]. 电子技术与软件工程（17）：28.

王林，刘继源，马安进，2017. 基于兴趣衰减的个性化排序算法[J]. 计算机工程，43（9）：214-219.

王林，潘陈益，朱文静，2018. 基于 h 指数、g 指数和 p 指数的微博影响力评价对比研究[J]. 现代情报，38（6）：11-18.

王伟军，甘春梅，2012. 学术博客知识交流与共享的心理诱因的实证研究[J]. 情报学报，31（10）：1026-1033.

王晰巍，李玥琪，邱程程，等，2021. 直播平台用户信息交互行为图谱及特征研究[J]. 图书情报知识，38（4）：15-26.

王月，2011. 手机在线阅读中人类行为动力学的研究[D]. 北京：北京邮电大学.

王玉斌，2013.基于信息内容时效性改进推荐算法的策略研究与实现[D].北京：北京邮电大学.

韦雅楠，王晰巍，贾若男，2020. 智媒体环境下企业与用户信息交互意愿影响因素与实证[J]. 现代情报，40（3）：126-136.

新浪微博数据中心，2019. 2018 年微博用户发展报告[EB/OL].（2019-03-15）[2022-7-15]. http://data.weibo.com/report/file/download？file_name＝2018 微博用户发展报告&download_name＝09ac2ce2-1a2d-a4d0-b7e8- 68ad5c6f7252&file-type＝.pdf.

徐超，2016. 解析大数据思想及其在企业档案管理中的价值[J]. 机电兵船档案（5）：51-54.

许翀寰，2011. 面向用户兴趣漂移的 Web 数据流挖掘算法研究[D]. 杭州：浙江工商大学.

亚伯拉罕·马洛斯，2012. 动机与人格[M]. 3 版. 许金声，等，译. 北京：中国人民大学出版社.

易兰丽，2012. 基于人类动力学的微博用户行为统计特征分析与建模研究[D]. 北京：北京邮电大学.

印桂生，崔晓晖，马志强，2012. 遗忘曲线的协同过滤推荐模型[J]. 哈尔滨工程大学学报（1）：89-94.

袁静，2011. 虚拟社区用户信息行为研究综述[J]. 图书情报工作，55（16）：91-94.

袁汪洋，2004. 社会科学方法论的困境与出路：从社会科学方法与自然科学方法比较的角度[J]. 天府新论（5）：73-75.

余力，刘鲁，罗掌华，2004. 我国电子商务推荐策略的比较分析[J]. 系统工程理论与实践（8）：96-101.

张大勇，孔洪新，许磊，等，2019. 数据驱动的微信用户信息行为时间特征研究[J]. 图书情报工作，63（20）：104-111.

张海涛，孙思阳，任亮，2018. 虚拟学术社区用户知识交流行为机理及网络拓扑结构研究[J]. 情报科学，36（10）：137-142.

张磊，2014. 基于遗忘曲线的协同过滤研究[J]. 电脑知识与技术（12）：67-72.

张琳，谢忠红，2016. 基于聚类的微博用户类型与影响力研究[J]. 情报科学，34（8）：57-61.

张琳艳，2013. 基于人类动力学的在线阅读行为研究[D]. 成都：电子科技大学.

张伟刚，2015. 科研方法导论[M]. 2 版. 北京：科学出版社.

张玉洁，杜雨露，孟祥武，2016. 组推荐系统及其应用研究[J]. 计算机学报，39（4）：745-764.

赵康，2017. 学术组织社群网络信息交流特征及结构演变[J]. 图书情报工作，61（14）：99-108.

赵宇翔，刘周颖，宋士杰，2018. 新一代知识问答平台中提问者付费意愿的影响因素探究[J]. 数据分析与知识发现（8）：16-30.

赵宇翔，朱庆华，2010. Web2.0 环境下影响用户生成内容动因的实证研究：以土豆网为例[J]. 情报学报，29（3）：449-459.

钟义信，2002. 信息科学原理[M]. 3 版. 北京：北京邮电大学出版社.

周傲英，2011. 海量数据处理：专辑前言[J]. 计算机学报（10）：1739-1740.

周苏，王文，2016. 大数据导论[M]. 北京：清华大学出版社.

周涛，2008. 在线电影点播中的人类动力学模式[J]. 复杂系统与复杂性科学，5（1）：1-5.

周涛，韩筱璞，闫小勇，等，2013. 人类行为时空特性的统计力学[J]. 电子科技大学学报，42（4）：481-540.

周涛，王盈颖，邓胜利，2020. 基于社会资本理论的在线健康社区用户参与行为研究[J]. 信息资源管理学报，10（2）：59-67.

朱海松，2013. 微博的碎片化传播：网络传播的蝴蝶效应与路径依赖[M]. 广州：广东经济出版社.

朱红文，1995. 社会科学的历史与社会科学的整体性[J]. 求是（1）：61-67.

ALLPORT G W，1955. Realms of value: A critique of human civilization[J]. American sociological review，19（5）：630.

ASUR S，HUBERMAN B，SZABO G，et al.，2011. Trends in social media: Persistence and decay[C]// proceedings of the 5th AAAI International conference on weblogs and social media，Barcelona.

BANDURA A，1982. Self-efficacy mechanism in human agency [J]. American psychologist，37（2）：122-147.

BAO Y Y，XIN Z H，2011. Human activity pattern on microblogging interaction[C]//Proceedings of the information management，innovation management and industrial engineering，Shenzhen.

BARABÁSI A L，2005. The origin of bursts and heavy tails in human dynamics [J]. Nature，435（7039）：207-211.

BARABÁSI A L，ALBERT R，1999. Emergence of scaling in random networks [J]. Science，286（5439）：509-512.

BHAT U N，2005. An introduction to queueing theory：Modeling and analysis in applications[M]. 2nd Ed. New York：Birkhäuser.

BELL G，HEY T，SLALAY A，2009. Bcyond the data dcluge [J]. Science，323（5919）：1297-1298.

BLANCHARD A L，MARKUS M L，2004. The experienced"sense" of virtual community：Characteristics and processes [J]. The database for advances in information systems，35（1）：65-77.

BLANCHARD P，HONGLER M O，2007. Modeling human activity in the spirit of Barabási's queueing systems [J]. Physical review，75（2）：26102.

BLUMBERG M，PRINGLE C D，1982. The missing opportunity in organizational research：Some implications for a theory of work performance[J]. Academy of management，7（4）：560-569.

BOYD D M，ELLISON N B，2007. Social network sites：Definition，history，and scholarship[J]. Journal of computer-mediated communication，13（1）：210-230.

BROCKMANN D，HUFNAGEL L，GEISEL T，2006. The scaling laws of human travel[J]. Nature，439（26）：462-465.

BRYANT R E，2007. Data-intensive supercomputing：The case for DISC[R]. Pittsburgh：Carnegie Mellon University，Department of computer science.

CAO Y，GAO J，LIAN D F，et al.，2018. Orderliness predicts academic performance：Behavioural analysis on campus lifestyle[J]. Journal of the royal society，Interface，15（146）：1-8.

CHMIEL A，KOWALSKA K，HOLYST J A，2009. Scaling of human behavior during portal browsing[J]. Physical review E，80（6）：066122.

CHRIS F，KAREN M，NEIL M，et al.，2013. Sex，blogs，and baring your soul：Factors influencing UK blogging strategies [J]. Journal of the american society for information science and technology，64（2）：345-355.

CUMMINS L L，SCHWAB D P，1973. Performance in organizations：Determinants and appraisal[M]. Glenview：Scott，Foresman.

DEZSÖ Z，ALMAAS E，LUKACS A，et al.，2006. Dynamics of information access on the web[J]. Physical review E，73（6）：066132.

DUAN W，GU B，WHINSTON A，2009. Information cascades and software adoption on the internet：An empirical investigation[J]. MIS quarterly，33（1）：23-48.

DYTE D，CLARKE S R，2000. A ratings-based Poisson model for World Cup soccer simulation[J]. Journal of the operational research society，51（8）：993-998.

GAN C M，KOSONEN M，BLOMQVIST K，2012. Knowledge sharing in crowdsourcing-It is more than motivation [C]//Proceedings of the 13th european conference on knowledge management，Cartagena.

GOH K I，BARABÁSI A L，2008. Burstiness and memory in complex systems[J]. Europhysics letters, 81（4）: 53-61.

GORDON B, TONY H, ALEX S, 2009. Beyond the data deluge[J]. Science, 323（5919）: 1297-1298.

HAN X P, ZHOU T, WANG B H, 2008. Modeling human dynamics with adaptive interest[J]. New journal of physics, 10（7）: 1-8.

HEY T, TANSLEY S, TOLLE K, 2009. The fourth paradigm: Data-intensive scientific discovery[M]. Washington: Microsoft Research Press.

HIDALGOR C A, 2006. Conditions for the emergence of scaling in the inter-event time of uncorrelated and seasonal systems[J]. Physica A, 369（2）: 877-883.

HILTZ S R, ROXANNE S, MURRAY T, 1978. The network nation: Human communication via computer[M]. Boston: Addison wesley publishing company.

HIRSCH J E, 2005. An index to quantify an individual's scientific research output[C]. Proceedings of the national academy of sciences of the United States of America: 16569-16572.

HONG W, HAN X P, ZHOU T, et al., 2009. Heavy-tailed statistics in short-message communication[J]. Chinese physics letters, 26（2）: 297-299.

HSU C L, LIN J C, 2008. Acceptance of blog usage: The roles of technology acceptance, social influence and knowledge sharing motivation[J]. Information and management, 45（1）: 65-74.

JOSEPH A S, EDWARD A F, 2014. Combination of multiple searches[J]. IEEE transactions on multimedia, 16（1）: 277-282.

KLINKENBERG R, 2004. Learning drifting concepts: Example selection vs. example weighting[M]. Amsterdam: IOS Press.

KUHN T S, 1962. The structure of scientific revolutions[M]. Chicago: University of Chicago Press.

KWON O, WEN Y X, 2010. An empirical study of the factors affecting social network service use[J]. Computers in human behavior, 26（2）: 254-263.

LI Q Q, LIU Y J, 2016. Exploring the diversity of retweeting behavior patterns in Chinese microblogging platform[J]. Information processing and management, 53（4）: 945-962.

LI Y, CAO H D, ZHANG Y, et al., 2018. Characteristics of human behavior in an online society[J]. SAGE open, 8（2）: 1-13.

LIAO H L, LIU S H, PI S M, 2011. Modeling motivations for blogging: An expectancy theory analysis[J]. Social behavior and personality, 39（2）: 251-264.

LIU Z, LAI Y C, YE N, et al., 2002. Connectivity distribution and attack tolerance of general networks with both preferential and random attachments[J]. Physics letters A（303）: 337-344.

LLANOS T, ANTONIO R G, SALVADOR R, 2014. Analyzing the students' behavior and relevant topics in virtual learning communities[J]. Computer in human behavior, 2（31）: 659-669.

MASTHOFF J, 2004. Group modeling selecting a sequence of television items to suit a group of viewers[J]. User modeling and user-adapted interaction, 14（1）: 37-85.

MIN B, GOH K I, KIM I M, 2009. Waiting time dynamics of priority-queue networks[J]. Physical review E, 79（5）: 56-65.

MINHAEVA D B, MAKELA K, RAHHIOSI L, 2010. Explaining intra-organizational knowledge transfer at the individual level[M]. Frederiksberg: Department of strategic management and globalization. Copenhagen business school.

MOURALI M，LAROEHE M，PONS F，2005. Individualistic orientation and consumer susceptibility to interpersonal influence[J]. Journal of services marketing（12）：164-173.

NARANJO-ZOLOTOV M，TUREL O，OLIVEIRA T，et al.，2021. Drivers of online social media addiction in the context of public unrest：A sense of virtual community perspective[J]. Computers in human behavior，121（25）：106784.

NIMA K，JOHN W，2017. Communicating personal health information in virtual health communities：An integration of privacy calculus model and affective commitment[J]. Dissertations & theses gradworks（1）：45-81.

KOYCHEV I，SCHWAB I，2000. Adaptation to drifting user's interests[C]. Proceedings of ECML，Barcelona：39-45.

OLIVEIRA J，VÁZQUEZ A，2009. Impact of interactions on human dynamics[J]. Physica A：statistical mechanics and its applications，388（2）：187-192.

PARK J H，GU BIN，LEUNG A C M，et al.，2014. An investigation of information sharing and seeking behaviors in online investment communities[J]. Computers in human behavior（31）：1-12.

PERA M S，NG Y K，2012. A group recommender for movies based on content similarity and popularity[J]. Information processing and management，49（3）：673-687.

PORTER C E，DONTHU N，MACELROY W H，et al.，2011. How sustain engagement in virtual communities[J]. Management review，53（4）：80-110.

RANDAL E B，2007. Data-intensive supercomputing：The case for DISC[J]. PDL consortium members（10）：1-20.

ROTHSCHILD M，1999. Carrots，sticks and promises：A conceptual framework for the management of public health and social issues behavior[J]. Journal of marketing，63（1）：24-37.

ROXANNE H S，MURRAY T，1978. The network nation：Human communication via computer[M]. Boston：Addison Wesley Publishing Company.

RUSSMANN U，2009. Gender-specific behavior on information and communication platforms：Gender barriers to access and gender barriers to usage[C]//Proceedings of International Communication Association 2009 Annual Meeting，Chicago.

SHANG M，CHEN G，DAI，et al.，2010. Interest-driven model for human dynamics[J]. Chinese physics letters，27（4）：250-252.

SNYDER J，CARPENTER D，SLAUSON G J，2007. MySpace.com-A social networking site and social contract theory[J]. Information systems education journal，5（2）：1-11.

STEHL J，BARRAT A，BIANCONI G，2010. Dynamical and bursty interactions in social networks[J]. Physical review E，81（3）：113-135.

TONY H，STEWART T，KRISTIN T，2009. The fourth paradigm：Data-intensive scientific discovery[M]. Washington：Microsoft Research Press.

VÁZQUEZ A，2007. Impact of memory on human dynamics[J]. Physica a statistical mechanics and its applications，373（C）：747-752.

VÁZQUEZ A，OLIVEIRA J G，DEZSÖ Z，et al.，2006. Modeling burst and heavy tails in human dynamics [J]. physical review E，73（3）：1-19.

WASKO M，FARAJ S，2000. It is what one does：Why people participate and help others in electronic communities of practice[J]. Journal of strategic information systems，9（23）：155-173.

WASKO M，FARAJ S，2005. Why should I shares? Examining social capital and knowledge contribution in electronic networks of practice[J]. MIS quarterly，29（1）：35-57.

WATSON J B，1913. Psychology as the behaviorist views it[J]. Psychological review（20）：158-177.

WORRALL A，CAPPELLO A，OSOLEN R，2021. The importance of socio-emotional considerations in online communities，social informatics，and information science[J]. Journal of the association for information science and technology（72）：1247-1260.

WU C H，LAI C W，CHEN S C，2020. The perspective of information system success with social interaction on online game continuance：The moderating role of gender，age，and play frequency[J]. International journal of mobile communications，18（5）：571-597.

WU Y，ZHOU C S，XIAO J H，et al.，2010. Evidence for a bimodal distribution in human communication[J]. Proceedings of the nation academy of sciences of the United States of America，107（44）：18803-18808.

YAN Q，WU L，ZHENG L，2013. Social network based microblog user behavior analysis[J]. Physica a：Statistical mechanics and its applications，392（7）：1712-1723.

YANG T，FENG X，WU Y，et al.，2018. Human dynamics in repurchase behavior based on comments mining[J]. Physica a：Statistical mechanics and its applications，502（2）：563-569.

YOO S，LI H，XU Z，2021. Can I talk to an online doctor? Understanding the mediating effect of trust on patients' online health consultation[J]. Journal of organizational computing and electronic commerce，31（1）：59-77.

ZHOU T，2022. Examining online health community users' information adoption intention[J]. Information resources management journal，46（1）：134-146.